Collection GESTION

SÉRIE : Politique générale, Finance et Marketing

dirigée par Yves Simon, Professeur à l'Université de Paris IX-Dauphine et au Groupe HEC

Le MONEP
Théorie et pratique

Jean-Luc BUCHALET - Yann GÉRARDIN
Lionel LÉPINOIS - Lucile LOQUES
Bernard MAROIS - François MAINARD
Yves PELRAS - Eric SANITAS

Préface de Nicolas CHANUT

Président de FINACOR Actions et Dérivés

GESTION

ECONOMICA
49, rue Héricart, 75015 Paris

Sommaire

TROISIÈME PARTIE
LA SPÉCULATION COUVERTE

QUATRIÈME PARTIE
LE MONEP, UN GÉNÉRATEUR D'ARBITRAGES

Préface

Les nouveaux instruments financiers jouent un rôle de plus en plus important dans la gestion des OPCVM. Après quatre années d'existence, le MONEP est devenu un outil utilisé par de nombreux investisseurs institutionnels. Un ouvrage sur les options sur actions constitué d'interventions de professionnels utilisant ces produits nous est apparu particulièrement opportun. Ce projet, développé et supervisé par Bertrand Léonard, Directeur général adjoint de FINACOR Actions et Dérivés, a vu le jour grâce aux conseils et au soutien particulièrement précieux de Bernard Marois. L'indispensable mise en ordre et l'homogénéisation des interventions nécessairement disparates ont été assurées par Yves Pelras.

A l'issue de ce travail, il apparaît que la principale originalité de ce livre est d'éclairer d'une lumière concrète la fameuse trilogie : couverture, spéculation, arbitrage.

Si cette classification est très utile pour pénétrer intellectuellement le monde des produits dérivés, elle est cependant quelquefois éloignée des processus réels de développement des marchés et de genèse des volumes de transactions. Certaines stratégies d'options, comme les stellages et les strangles, ne relèvent en effet ni de la couverture, ni de la spéculation, ni de l'arbitrage mais un peu des trois à la fois. Paradoxalement, ce sont des stratégies classiques et attrayantes, peut-être les plus utilisées par les investisseurs institutionnels. Bien avant l'ouverture d'un marché d'options organisé à Paris, l'un des plus gros « zinzins » de la place avait même coutume de pratiquer systématiquement et sur une grande échelle ce genre d'opérations à partir d'instruments optionnels non négociables : les stellages boursiers.

Les auteurs de cet ouvrage ont eu donc à cœur de ne jamais éloigner l'aspect théorique des options de la pratique réelle d'utilisation du marché telle qu'elle se présente aujourd'hui à Paris. Et là est l'enjeu central : les options ne présentent un intérêt sérieux qu'à la condition de devenir un vecteur concret de gestion de portefeuille, marginalisant l'image de sophistication intellectuelle qu'elles véhiculent.

Si ce livre pouvait modestement contribuer à cette évolution, il aurait incontestablement rempli son objectif.

Nicolas Chanut
Président de FINACOR Actions et Dérivés

Avant-propos

Les options sur actions sont négociées sur la place de Paris, depuis le 10 septembre 1987. Elles ont connu un succès rapide : au 1er janvier 1991, 26 grandes valeurs françaises font l'objet d'une cotation sur ce marché. En 1990, le volume de transactions annuel a dépassé 5 millions de contrats pour un échange en capitaux de plus de 20 milliards de francs.

Produits sophistiqués, élaborés à l'origine par des universitaires américains, les options sur actions ont rapidement remplacé les « stellages », sorte de contrats conditionnels assez peu utilisés depuis quelques années. Elles sont traitées sur un marché spécifique, appelé le MONEP (Marché des Options Négociables de Paris).

Le fonctionnement de ce marché et son utilisation par les professionnels forment le contenu du présent ouvrage, l'intention des auteurs étant de fournir quelques points de repère sur la perception du MONEP par les principaux clients de ce marché, c'est-à-dire les investisseurs institutionnels.

La première partie de ce livre sera consacrée au cadre institutionnel de ces marchés : leur place parmi les nouveaux marchés financiers, les principes de base qui président au fonctionnement des options sur actions.

La deuxième partie traitera des opérations de couverture, partant des stratégies simples telles que la vente de calls ou l'achat de puts pour s'intéresser ensuite aux stratégies plus sophistiquées : combinaisons de vente et d'achat, stellages et strangles.

La troisième partie présentera les stratégies plus spéculatives : la mise en place de constructions hybrides, telles que les écarts ou les ratios, le recours au trading.

Enfin, la quatrième partie portera sur les stratégies d'arbitrage ; arbitrage de volatilité, utilisation de synthétiques, market making options.

Ainsi lc lecteur pourra suivre pas à pas la démarche d'un investisseur institutionnel désirant, dans un premier temps, protéger un portefeuille, puis, dans un deuxième temps, dynamiser sa couverture, tout en préservant un ratio rendement-risque compatible avec ses obligations ; enfin, il pourra éventuellement recourir à de nouveaux types d'arbitrages, que l'existence du MONEP permet désormais de mettre en place, face aux produits dérivés issus des actions, voire, plus simplement, face au marché des actions lui-même.

PREMIÈRE PARTIE

LES MARCHÉS D'OPTIONS SUR ACTIONS

Les options sur actions constituent un des produits qui sont traités sur ce qu'on appelle communément les nouveaux marchés financiers. Nous commencerons donc par replacer les options sur actions dans ce cadre plus général ; cela constituera le premier chapitre de cette partie.

Nous nous arrêterons ensuite sur les principes de base qui président au fonctionnement des marchés d'options sur actions : les principales caractéristiques de ces marchés, les modèles d'évaluation de la prime, les modes d'utilisation de ces options ; c'est le contenu de notre deuxième chapitre.

Le troisième chapitre portera plus particulièrement sur le Marché des Options Négociables de Paris (MONEP) ; il montrera comment les investisseurs institutionnels sont amenés à l'utiliser.

Chapitre 1

LES NOUVEAUX MARCHÉS FINANCIERS : PRÉSENTATION ET HISTORIQUE

par Bernard Marois

Après avoir rappelé quelques définitions fondamentales sur les futures et les options (section 1), nous nous pencherons sur les différents marchés où sont traités ces produits financiers (section 2) avant de nous concentrer plus particulièrement sur les marchés d'options européens (section 3). Pour finir, nous présenterons le marché de Paris (section 4).

1. Rappel de quelques définitions

Il est fréquent d'englober les futures [1] et les options sous le terme générique de nouveaux produits financiers, indiquant par là le caractère innovateur de ces instruments financiers, de création récente [2]. Cependant, comme nous allons le voir, ils obéissent à des logiques différentes.

---

1. L'expression « futures » transposée de l'anglais « futures », peut également être traduite par « contrats à terme standardisés ».

2. Sauf en ce qui concerne les contrats à terme sur matières premières dont l'origine est ancienne (cf. infra). En outre, ces contrats relèvent d'un domaine relativement spécifique, le négoce international.

1.1. Les futures

Les futures sont des contrats à terme, portant sur des devises, des matières premières, des taux d'intérêts ou d'autres produits, dont le prix d'achat est fixé dès aujourd'hui, mais dont le dénouement est différé dans le temps. Ainsi, un acheteur de futures paiera et sera livré à l'échéance du contrat, tandis qu'un vendeur livrera et sera payé également à l'échéance. Le contenu du contrat, ainsi que l'échéance, sont standardisés, alors que le montant à payer fait l'objet de cotations quotidiennes, par confrontation de l'offre et de la demande à un moment donné. Cette fixation du prix s'effectue en général sur un marché organisé (bourse de commerce), à travers un système de cotation à la criée ou électronique.

Par exemple, un future de devise est un contrat d'achat ou de vente de devises ; s'il intervient sur une bourse américaine, l'acheteur s'engage à prendre livraison, à l'échéance, de yen, de francs suisses ou de marks, en payant le montant acheté en dollars ; par contre, le vendeur s'engagera à livrer ces mêmes devises et recevra des dollars en échange, à un cours qui aura été fixé au moment de la signature du contrat par l'acheteur et le vendeur.

1.2. Les options

Alors que les futures sont des engagements fermes de la part des acheteurs et des vendeurs, les options introduisent la notion de conditionnalité pour l'acheteur du contrat d'option. En effet, celui-ci a le droit, mais pas l'obligation de prendre livraison, à l'échéance, du produit qui a fait l'objet du contrat. En compensation de cet avantage supplémentaire, l'acheteur d'option devra payer une prime. Inversement, le vendeur d'option aura l'obligation de livrer le produit, si l'acheteur l'exige (il n'a donc pas le choix de la décision) ; en échange, c'est lui qui encaissera la prime versée par l'acheteur, dès la signature du contrat.

Ainsi, pour reprendre le même exemple que précédemment, l'acheteur d'une option d'achat de deutsche-marks, à la Bourse de Philadelphie, aura la possibilité, s'il le souhaite, de lever l'option d'achat, alors que le vendeur de l'option d'achat devra livrer les marks, en cas de levée de l'option. Bien sûr, l'acheteur d'option ne lèvera celle-ci que si le prix à payer, prime comprise, est plus intéressant (dans le cas présent, moins cher) que le montant qu'il devrait verser s'il réalisait la même opération au comptant à l'échéance. Si, par contre, le prix est plus élevé que celui du comptant, à l'échéance, il abandonnera l'option : il aura perdu le montant de la prime, mais se sera protégé contre une hausse éventuelle du cours du mark. Quant au vendeur, il n'aura pas à livrer les marks, puisque l'acheteur aura renoncé à lever l'option.

Pour résumer, il existe donc quatre positions possibles :

– acheteur d'une option d'achat ;

– vendeur d'une option d'achat ;

– acheteur d'une option de vente (ce qui revient à vendre conditionnellement, le produit faisant l'objet du contrat) ;

– vendeur d'une option de vente (ce qui aboutit à acheter le produit faisant l'objet du contrat).

La différence entre l'acheteur d'une option d'achat et le vendeur d'une option de vente réside dans le profil « risque-rentabilité » de chacune des positions. L'acheteur d'une option d'achat à le droit, mais pas l'obligation, d'acheter le produit faisant l'objet du contrat (ce que les spécialistes appellent le « sous-jacent ») ; en conséquence, il paie dès le départ une prime ; par ce moyen, il se garantit, en fixant un plafond au prix qu'il paiera pour acquérir le sous-jacent ; ce coût maximum est égal au « prix d'exercice » de l'option, plus la prime. L'acheteur applique donc une stratégie de couverture. Par contre, le vendeur d'une option de vente va devoir prendre livraison du sous-jacent, si l'acheteur de l'option de vente le désire, c'est-à-dire si le prix du sous-jacent a baissé : il subit donc un coût d'opportunité important qui se traduit par une perte financière réelle, s'il doit revendre au comptant le sous-jacent (dont le prix a baissé). Cette perte sera atténuée, grâce à l'encaissement de la prime. On constate donc que le vendeur d'option adopte une attitude spéculative[1] et court un risque illimité, si son anticipation se révèle fausse.

Le même raisonnement s'applique à l'acheteur d'une option de vente qui acquiert le droit, mais pas l'obligation de livrer le sous-jacent (position de couverture du risque, par fixation d'un prix minimum de vente du sous-jacent) et au vendeur d'une option d'achat, qui devra livrer le sous-jacent, si l'acheteur le désire (position de spéculation à la baisse du prix du sous-jacent).

1. Dans l'exemple présent, le vendeur spécule à la hausse du prix du sous-jacent, en espérant ainsi que l'acheteur n'exercera pas l'option de vente.

2. Les marchés de futures et d'options

Commençons par retracer l'évolution historique de ces marchés, avant de décrire leurs structures géographiques et sectorielles.

2.1. Aperçu historique

Ainsi qu'il l'a été signalé antérieurement, les premiers marchés à terme se sont constitués autour des matières premières : le Chicago Board of Trade (CBOT) a été créé en 1848 pour permettre aux producteurs de blé de se couvrir contre les fluctuations de prix. A la fin du dix-neuvième siècle, est apparue, dans la même ville, une bourse concurrente, le Chicago Mercantile Exchange (CME), destinée, quant à elle, à protéger les marchands de bestiaux contre les variations de prix.

En 1972, le CME élargit ses activités en cotant les taux d'intérêt à terme (bons du Trésor américain, à 90 jours). Le CBOT réplique, en 1975, en mettant au point un contrat sur le titre hypothécaire le plus répandu aux Etats-Unis, le GNMA (Government National Mortgage Association), puis, en 1976, avec un autre contrat sur les bons du Trésor à long terme, les fameux « Treasury Bonds ». Dix ans plus tard, en 1987, plus de 440 000 contrats, d'un montant unitaire de 100 000 dollars, ont été échangés sur le Board of Trade.

Parallèlement, l'International Monetary Market de Chicago proposait, dès 1972, des contrats à terme de devises. La Bourse de Philadelphie créait, en 1982, des options sur devises ; puis New York, Londres, Singapour, Tokyo et Sydney se positionnaient à leur tour sur ce marché.

Un autre compartiment du marché, les futures et options sur indices, allait voir le jour au « Merc » en 1982, car c'est cette année-là que fut lancé le contrat Standard and Poor's 500, basé sur les 500 valeurs les plus importantes de Wall Street.

Enfin, dernier compartiment, sur lequel nous allons nous arrêter plus longuement, le marché des options sur actions, dont l'apparition en Europe date de 1977, avec la création de l'European Options Exchange d'Amsterdam, suivie de peu par le lancement des options sur actions au London Traded Options Market.

Le tableau 1 identifie les principaux marchés de futures et d'options apparus dans le monde depuis 1980.

Tableau 1.
Création de nouvelles bourses traitant des options et futures entre 1980 et 1991

Année	Bourse	Volume(1)
1980	– Kuala Lumpur Commodity Exchange	160 385
1981	– International Petroleum Exchange	2 226 060
1982	– London International Financial Futures Exchange	14 764 717
	– Vancouver Stock Exchange	393 502
1983	– Singapore International Monetary Exchange	4 553 902
1984	– Bolsa Brasileira de Futuros	
	– Montreal Exchange (Futures)	256 433
	– Toronto Futures Exchange	354 928
	– Tokyo Commodity Exchange	6 575 691
1985	– Stockholm Options Market	2 857 343
	– New Zealand Futures Exchange	
	– Marché à Terme International de France	16 638 099
1987	– Baltic Futures Exchange	175 482
	– Financiele Termijnmarkt - Amsterdam	242 974
	– London Futures and Options Exchange (ex. London Commodity Exchange)	2 938 792
	– Osaka Securites Exchange (futures)	3 353 938
	– Marché des Options Négociables de Paris	2 197 563
	– Swedish Options and Futures Exchange	
1988	– Copenhagen Stock Exchange (options)	174 364
	– Finnish Options Market	505 732
	– Swiss Options and Financial Futures Exchange	4 424 859
1989	– Irish Futures and Options Exchange	8 160
	– Tokyo International Financial Futures Exchange	1 074 838
1990	– Danemark : Marché des Options sur Actions	
	– Finlande : Marché des Futures sur Actions	
	– Allemagne : Future sur le DAX et création d'options sur actions	
	– Amsterdam : Option et Future sur le TOP 5	
	– Norvège : création d'options sur actions	
	– Santiago : Marché des Futures	
	– Espagne : Marché des Futures	

(1) Volume, en nombre de contrats entre janvier et août 1989.

2.2. *Analyse géographique*

D'un point de vue géographique, le développement des marchés à terme, tout au moins pour les contrats financiers, a eu son origine aux Etats-Unis, essaimant d'abord au Canada, puis en Europe : création du LIFFE (London International Financial Futures Exchange), en 1982 ; constitution du MATIF (Marché à Terme International de France) en 1986. L'Asie n'est pas restée à l'écart, avec le lancement des contrats d'eurodollars et d'asiadollars à 3 mois au SIMEX (Singapore International Monetary Exchange), en 1984. En 1985, c'était au tour du Tokyo Stock Exchange de rentrer dans la communauté des marchés de futures, avec le démarrage du contrat de taux d'intérêt sur obligations du Trésor à 10 ans.

Aujourd'hui, ces marchés représentent des montant considérables, ainsi que l'indique le tableau 2, qui retrace la croissance du marché américain de futures et d'options sur futures, pendant la décennie 80.

2.3. *Analyse sectorielle*

En ce qui concerne les « sous-jacents » destinés à alimenter les marchés à terme, ils recouvrent des domaines très variés :

– les matières premières agricoles (blé, maïs, soja, orge, etc...), énergétiques (pétrole, propane, etc...), minières (cuivre, étain, zinc, plomb, etc...) ; et les métaux précieux (or et argent essentiellement) ;

– les titres à revenu fixe : les obligations à moyen et long terme du Trésor (américain, britannique, français, etc...) ; les titres hypothécaires ;

– les taux d'intérêt à court terme : eurodollars à 3 mois, PIBOR[1] à 3 mois ;

– les devises (yen, mark, livre, franc suisse, franc français) contre dollars ;

– les actions (des principales valeurs de la cote) ;

– les indices boursiers (Standard and Poor's 500, CAC 40, Nikkei 225, etc...).

---

1. Le PIBOR (ou TIOP) est le taux interbancaire (moyen) offert à Paris, pendant une certaine durée (3 mois dans le cas présent).

Tableau 2.
Croissance du marché américain de futures et d'options sur futures, pendant la décennie 80

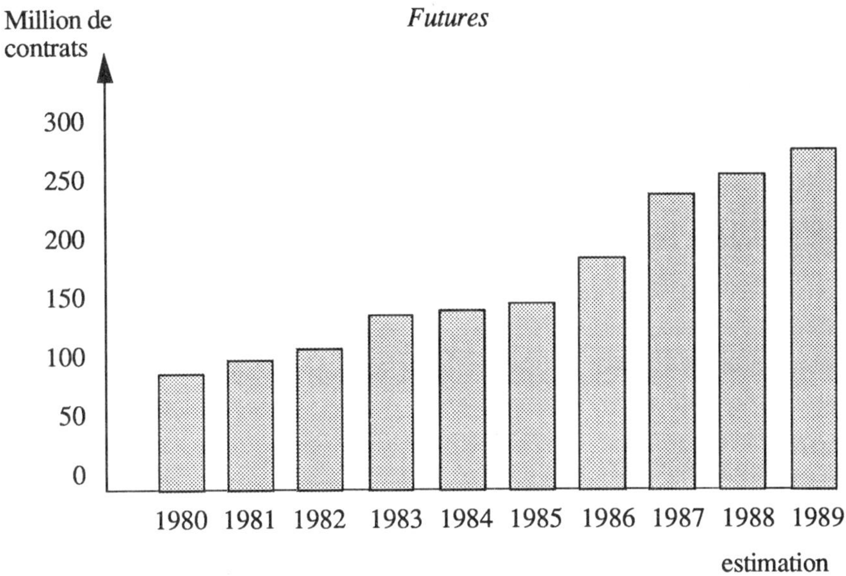

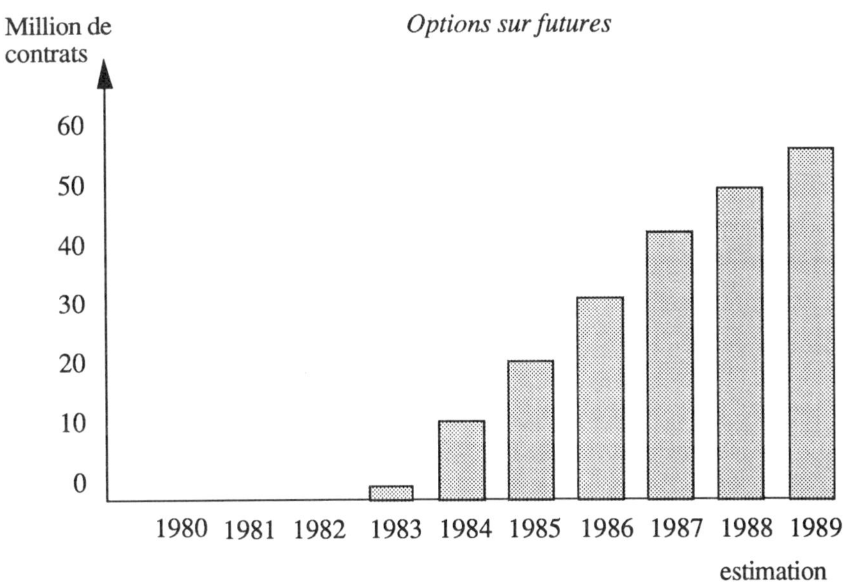

Source : Futures Industry Association.

D'un point de vue technique, on peut distinguer trois types de marché (cf. tableau 3) :

– les marchés de « futures » ;

– les marchés d'options sur « physique », le sous-jacent étant un contrat représentatif du bien négocié (devises, actions), se dénouant par la livraison du cas « physique », c'est-à-dire du produit final (les livres, les francs ou les marks, dans le cas des devises ; les titres eux-mêmes, dans le cas des options sur actions) ;

– les marchés d'options sur « futures », le sous-jacent étant dans ce cas un contrat à terme, relatif au produit final (matières premières, taux d'intérêt).

Tableau 3.
Les marchés de futures et d'options

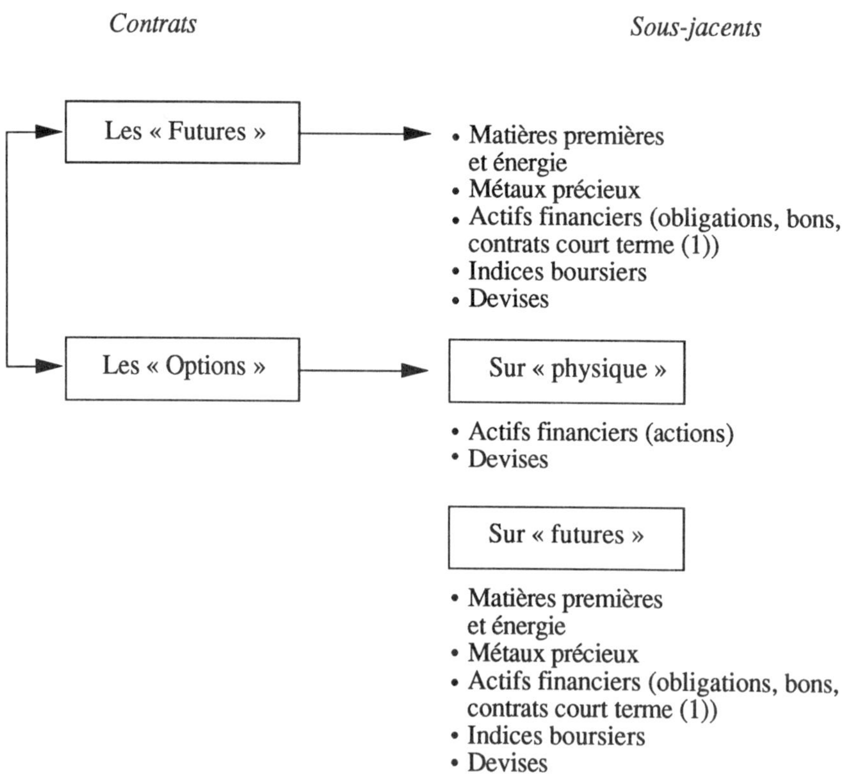

(1) Les contrats d'eurodollars à 3 mois ou le PIBOR 3 mois, par exemple.

3. Les marchés d'options sur actions en Europe

Nous nous concentrerons sur les marchés européens. Pour mémoire, nous mentionnerons les principaux marchés non européens, à savoir :

– le Chicago Board Options Exchange, qui cote 100 actions américaines ;

– l'American Stock Exchange ;

– le Pacific Stock Exchange ;

– le Australian Stock Exchange à Sydney (20 classes d'actions) ;

– la Bourse de Montréal ;

– le Toronto Stock Exchange ;

– le Vancouver Stock Exchange (18 classes d'options).

En ce qui concerne les marchés européens, nous allons décrire brièvement les principaux à l'aide du tableau 4 ; il s'agit des bourses suivantes :

– en Grande-Bretagne, le London Traded Options Market ;

– aux Pays-Bas, l'European Options Exchange d'Amsterdam ;

– en Suède, le Stockholm Options Market ;

– en Suisse, le Swiss Options and Financial Futures Exchange (SOFFEX) ;

– en Finlande, le Suomen Optionmeklarit, à Helsinski ;

– en France, le Marché des Options Négociables de Paris (MONEP), qui sera présenté en détail ultérieurement ;

– en RFA, la Deutsche Termin Börse (DTB) qui a été créée en janvier 1990.

Le tableau synoptique retrace les principales caractéristiques de chaque marché, à savoir : les produits faisant l'objet des contrats d'option (sous-jacent) ; la monnaie de cotation ; les différentes classes d'actions traitées : la limite minimale de fluctuation de la prime ; les échéances cotées ; le dernier jour de cotation ; la façon dont s'effectue l'exercice de l'option ; la date d'exercice ; la date d'expiration de l'option ; la date de livraison du sous-jacent ; les horaires de fonctionnement du marché ; la chambre de compensation assurant la bonne fin des opérations.

Tableau 4.
Les principaux marchés d'options sur actions européens. A la fin de l'année 1990

Bourse / Caractéristiques	London Traded Option Market	European Options Exchange	Stockholm Options Marknad	SOFFEX	Suomen Option Meklarit	Marché des Options Négociables de Paris	Deutsche Termin Börse
Produit sous-jacent	Chaque option porte sur 1 000 actions	Chaque option porte sur 100 actions	Chaque option porte sur 100 actions	Chaque option porte sur 5 actions	Chaque option porte sur 400 actions	Chaque option porte sur 100 actions	Chaque option porte sur 50 actions
Monnaie de cotation	Livre sterling	Florin	Couronne suédoise	Franc suisse	Mark finlandais	Centimes	Deutsche mark
Caractéristiques de l'option	– Une soixantaine d'actions (Bourse de Londres) – de type américain	– 21 actions de sociétés néerlandaises – de type américain	– 11 actions de sociétés suédoises – de type américain	– 12 actions de sociétés suisses – de type américain	– 1 société finlandaise – de type américain	– 22 sociétés françaises – de type américain	– 15 sociétés allemandes – de type américain
Limite minimale de fluctuation de la prime	0,25 pence par action (= 2,5 livres par contrat)	0,10 florin par action (= 10 florins par contrat)	5 couronnes par contrat	Variable (de 0,10 FS à 5 FS)	0,05 mark par action (= 20 marks par contrat)	0,01 franc par action (soit 1 franc par contrat)	0,1 points (soit 10 DM par contrats)
Echéances cotées	– 3 cycles selon les classes : – janvier/avril/juillet/octobre – février/mai/août/nov. – mars/juin/septembre/décembre	Janvier/avril/juillet/octobre (3 échéances cotées simultanément)	– 2 cycles selon les classes : – janvier/avril/juillet/octobre – février/mai/août/novembre	Les 3 mois rapprochés et la première échéance du cycle : janvier/avril/juillet/octobre	Janvier/mars/mai/juillet/septembre/novembre	Mars/juin/septembre/décembre	Mars/juin/septembre/décembre
Dernier jour de cotation	Le deuxième jour de bourse précédant le dernier jour de bourse du mois	Le troisième vendredi du mois d'échéance	Le jour de bourse précédant la date d'expiration	Le troisième vendredi du mois d'échéance	Le troisième jeudi du mois d'échéance	L'avant-dernier jour de bourse du mois d'échéance	Le troisième vendredi du mois d'expiration

Tableau 4. (suite)

Bourse / Caractéristiques	London Traded Options Market	European Options Exchange	Stockholm Options Marknad	SOFFEX	Suomen Option Meklarit	Marché des Options Négociables de Paris	Deutsche Termin Börse
Exercice de l'option	Livraison des titres sous-jacents	Livraison des titres sous-jacents	Livraison des titres sous-jacents	Livraison des titres sous-jacents	Livraison des titres sous-jacents	Livraison des titres sous-jacents	Livraison des titres sous-jacents
Date d'exercice	N'importe quel jour jusqu'à échéance	N'importe quel jour jusqu'à l'échéance	N'importe quel jour jusqu'à l'échéance	N'importe quel jour jusqu'à l'échéance	N'importe quel jour jusqu'à l'échéance	N'importe quel jour jusqu'à l'échéance	N'importe quel jour jusqu'à l'échéance
Date d'expiration	Le deuxième jour précédant le dernier jour de bourse du mois	Le samedi suivant le troisième vendredi du mois	Le troisième vendredi du mois d'échéance	Le samedi suivant le troisième vendredi du mois	Le troisième vendredi du mois d'échéance	L'avant-dernier jour de bourse du mois d'échéance	Le troisième vendredi du mois d'expiration
Date de livraison	Deux lundis par mois	Dans les 3 jours suivant le dernier jour de cotation	Le cinquième jour de bourse suivant la date d'expiration	Le troisième jour de bourse suivant la date d'exercice	Le cinquième jour suivant la date d'expiration	Idem	Deux jours après l'exercice des options
Horaires	9 h 05 à 16 h 05	10 h 30 à 16 h 30	10 h à 16 h	9 h 45 à 14 h 15	9 h 30 à 14 h	10 h à 17 h	9 h 30 à 16 h
Chambre de compensention	London Options Clearing House	European Stock Options Clearing Corporation	Stockholm Option Marknad (OM)	SOFFEX	Suomen Option Meklarit	Société de Compensation des Marchés Conditionnels	DTB Clearing House GmbH

4. Le Marché des Options Négociables de Paris

Les options sur actions sont négociées sur la place Paris depuis le 10 septembre 1987 à travers un marché organisé sous l'autorité réglementaire du Conseil des Bourses de Valeurs : le MONEP. Dès lors, elles ont connu un succès rapide et, fin 1990, 26 grandes classes d'options ont fait l'objet d'une cotation. En 1988, une classe d'options sur indice a été ouverte.

4.1. Essor du MONEP

Les tableaux qui suivent témoignent des niveaux d'activité du MONEP depuis sa création ainsi que sa situation comparée aux principaux marchés européens que sont les LTOM à Londres et EOE à Amsterdam.

Tableau 5.
Activité mensuelle du MONEP depuis son ouverture
(en nombre de lots et capitaux)

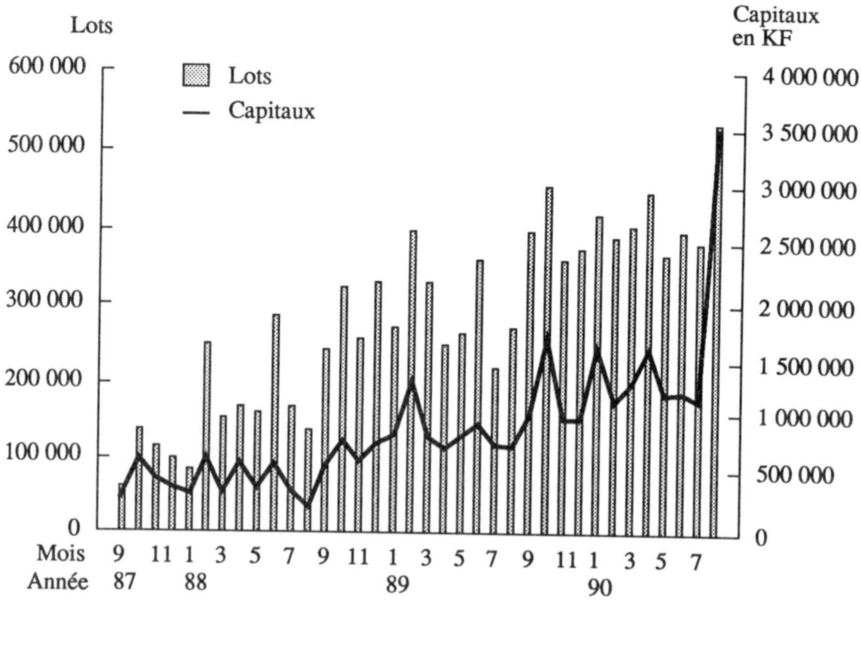

Source : SCMC.

Tableau 6.
Montée en puissance du MONEP

Années	Nombre de classes (fin de période)	Nombre de transactions par séance (moyenne/séjour)	Nombre de contrats par séance (moyenne/jour)	Nombre de lots par transaction	Montant des capitaux par séance (moyenne/jour) en milliers de F
1987	6	953	5 179	5	25 043
1988	12	1 293	9 690	7	23 169
1989	19	1 661	15 096	9	44 896
1990	23 *	1 767	19 559	11	70 762

* 23 classes ouvertes au 31 août 1990.
Source : SCMC.

Tableau 7.
Répartition de l'activité

	Nombre de contrats		Variation %	Capitaux (en milliers de F)		Variation %
	1989 au 31-8	1990 au 31-8		1989 au 31-8	1990 au 31-8	
Options sur actions	1 754 327 79,80 %	1 940 997 59,40 %	+ 10,6	4 822 896 73,80 %	4 279 009 36,20 %	– 11,3
Options sur indice CAC 40	443 160 20,20 %	1 325 319 40,60 %	+ 199	1 710 129 26,20 %	7 538 244 63,80 %	+ 340,8
Total	2 197 487 100 %	3 266 316 100 %	+ 48,6	6 533 025 100 %	11 817 253 100 %	+ 80,9

Source : SCMC.

Tableaux 8 et 9.
Etudes comparatives des principaux marchés européens

Tableau 8.
Moyenne quotidienne des échanges options sur indices
En lots et capitaux par contrat d'indice (en milliers de francs)

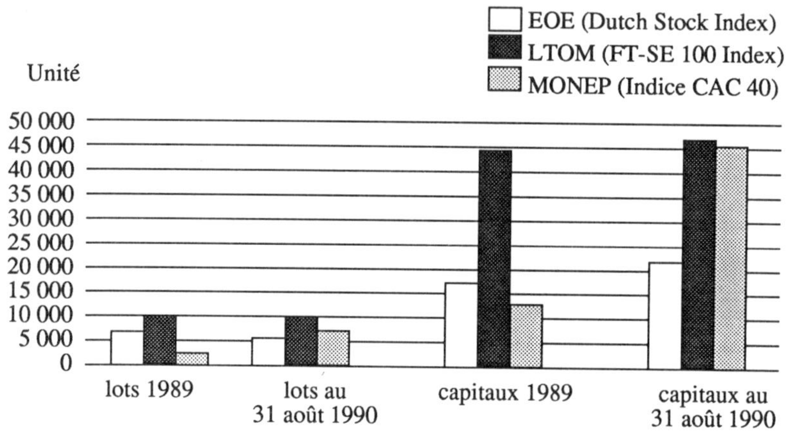

Tableau 9.
Moyenne quotidienne des échanges toutes classes
En lots et capitaux par classe (en milliers de francs)

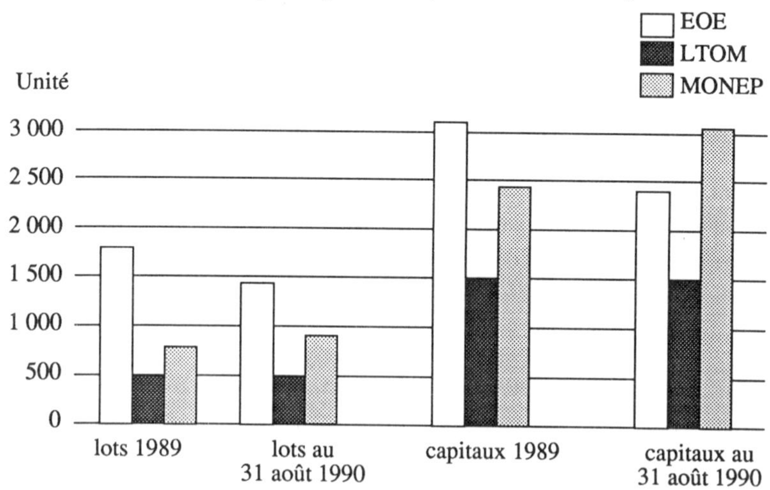

Source : SCMC.

4.2. Organisation du MONEP

A l'image de tous les marchés organisés d'options qui ont vu le jour dans le monde, le MONEP répond à un besoin de standardisation des contrats d'options échangés entre les différents intervenants ainsi qu'à la nécessité de sécuriser les transactions. L'institution d'une chambre de compensation agissant comme contrepartie des deux côtés de la négociation et garantissant la bonne exécution des obligations du contrat qui lie le vendeur à l'acheteur donne toute la crédibilité nécessaire au marché pour assurer son bon fonctionnement. A Paris, la responsabilité de la compensation est assurée par la Société de Compensation des Marchés Conditionnels (SCMC), filiale à 100 % de la Société des Bourses Françaises (SBF). Son rôle consiste donc à :

– organiser le MONEP dans la gestion quotidienne de son fonctionnement et en assurer son développement et sa promotion,

– garantir la compensation des ordres issus du marché,

– contrôler le respect du règlement de parquet et surveiller les risques encourus par les différents acteurs du marché en s'assurant de la bonne solvabilité de ceux-ci.

La Chambre de Compensation décide des valeurs sur lesquelles seront introduites les options. A la fin de l'année 1990, dix-neuf actions ont été retenues par la SCMC (cf. tableau 10).

Toutes ces actions font partie du marché à Règlement Mensuel et les critères de choix de la SCMC reposent sur une forte capitalisation et une bonne liquidité de l'actif.

Dans le chapitre qui suit, nous verrons que les caractéristiques des contrats d'options cotés sur ces valeurs obéissent à des normes bien précises, tant en ce qui concerne les prix d'exercice et l'échéance, que les règles de cotation ou les ajustements liés à des détachements de droits sur les actions.

Le 15 juin 1988, l'ouverture d'une classe d'options sur l'indice a été décidée par la SCMC. L'indice retenu a été le CAC 40 composé d'un échantillon de quarante actions cotées au Règlement Mensuel, et représentant sur l'année 1987 plus de 60 % de la capitalisation boursière de la bourse et près de 70 % des volumes échangés.

Tableau 10.
Les valeurs traitées sur le MONEP fin 1990

Actions	Capitalisation en décembre 1990 (en milliards de FF)
Accor	15.4
Bouygues	5.8
Cerus	3
CGE	66.1
Aquitaine	75.8
Eurodisney	16.1
Eurotunnel	10.8
Havas	20.4
Lafarge	18.6
Michelin	7.3
Midi	22.3
Paribas	33.1
Pernod	11.3
Peugeot	24.8
Rhône-Poulenc	2.7
St Gobain	22.2
Société Générale	26.3
Source Perrier	11
Thomson	11.7

Chapitre 2

LES OPTIONS SUR ACTIONS : PRINCIPES DE BASE

par Yves Pelras

Dans ce chapitre, nous aborderons successivement les mécanismes de fonctionnement des options sur actions, la description du modèle d'évaluation de la prime et les quatre modes d'utilisation possible des options. Chacun de ces points fera l'objet d'une section.

1. Les mécanismes de fonctionnement des options sur actions

Après avoir rappelé les traits essentiels des options sur actions, nous examinerons les principaux déterminants de la prime payée par l'acheteur au vendeur d'option.

1.1. Principales caractéristiques des options sur actions

Un contrat d'option sur action comporte 6 éléments fondamentaux permettant de l'identifier totalement : le type de droit attaché à l'option (le droit d'acheter ou droit de vendre), l'actif sous-jacent, la période de dénouement de ce droit, le prix d'exercice, la date d'expiration et le montant de la prime. Revenons sur chacun de ces facteurs.

1.1.1. Le type de droit attaché à l'option

Il existe deux types de droits : le call et le put[1]. Un call est une option d'achat donnant la possibilité à son détenteur d'acheter un certain nombre d'actions déterminé à l'avance. Inversement, un put est une option de vente permettant à son détenteur de vendre une certaine quantité d'actions.

1.1.2. L'actif sous-jacent

Ainsi que nous l'avons évoqué précédemment, l'actif sous-jacent est un certain nombre de titres ; dans le cas du MONEP, sauf ajustement temporaire consécutif à une opération sur titre, un contrat d'option repose sur cent titres, à l'exception des classes Eurotunnel et Euro Disneyland, dont chaque contrat représente cinq cents titres, et des options sur indice, dont la taille représente deux cents fois l'indice CAC 40.

1.1.3. La période de dénouement de ce droit

S'il s'agit d'une option américaine, le droit d'exercice de l'option couvre toute la durée de vie de l'option, alors que dans le cas d'une option européenne, ce droit ne s'exerce qu'à la date d'échéance de l'option.

Mentionnons, d'ores et déjà, que la plupart des marchés d'options sur actions, dont le MONEP, sont de type américain.

1.1.4. Le prix d'exercice (ou strike price)

Il détermine le cours contractuel auquel s'effectuera la transaction en cas d'exercice de l'option. Sur le MONEP, les prix d'exercice sont standardisés et déterminés à partir de listes prédéfinies.

1.1.5. La date d'expiration

Elle vise la date limite à laquelle l'option pourra être exercée. En général, il y a quatre échéances standards faisant l'objet d'une cotation. Au MONEP, il s'agit des mois de mars, juin, septembre et

1. Dans la suite de l'ouvrage, nous utiliserons, d'une façon entièrement synonyme, les termes de call et d'option d'achat et les termes de put et d'option de vente.

décembre, la date d'expiration étant alors l'avant-dernier jour de bourse du mois d'échéance. Sur les options sur indice, les négociations peuvent porter sur quatre échéances glissantes : trois mois rapprochés consécutifs et une échéance trimestrielle ; la date d'expiration est le dernier jour de bourse du mois d'échéance.

1.1.6. Le montant de la prime

C'est le prix du contrat d'option payé par l'acheteur et encaissé par le vendeur. Il sera étroitement dépendant du prix d'exercice choisi ainsi que de l'échéance choisie. Voyons quels sont les principaux déterminants de cette prime.

1.2. Les principaux déterminants de la prime

La prime va dépendre de six facteurs : le prix d'exercice de l'option, le temps restant à courir jusqu'à l'échéance, le cours du titre de base, la volatilité, le taux d'intérêt et le dividende. Les facteurs prix d'exercice et échéance interviennent dans les notions de valeur intrinsèque et valeur temps.

1.2.1. La valeur intrinsèque : VI[1]

Il s'agit du bénéfice qui résulterait d'un exercice immédiat de l'option.

Dans le cas d'une option d'achat (respectivement une option de vente), et lorsque le cours du titre support est supérieur (inférieur) au prix d'exercice, la valeur intrinsèque est égale au cours de l'action diminué du prix d'exercice.

VI = Cours - PE pour un call

(VI = PE - Cours pour un put)

L'option est alors dite dans la monnaie.

Lorsque le cours du titre support est inférieur (supérieur) ou égal au prix d'exercice, la valeur intrinsèque est nulle : VI = 0. L'option est dite en dehors de la monnaie.

---

1. Dans la suite du chapitre, VI représente la Valeur Intrinsèque, VT la Valeur Temps et PE le Prix d'Exercice.

1.2.2. La valeur temps : VT

La prime de l'option est constituée de la somme de la valeur intrinsèque et de la valeur temps.

Prime = VI + VT

Si la valeur intrinsèque est nulle (option en dehors de la monnaie), la prime n'est composée que de la valeur temps. Tant que l'option n'est pas arrivée à échéance, il existe une probabilité non nulle que le cours du titre sous-jacent fluctue et qu'ainsi l'option se valorise. La valeur temps est la traduction en terme de prix de cette probabilité. Elle sera d'autant plus grande que l'échéance est éloignée. A l'échéance, cette valeur temps sera nulle. Le graphique 1 représente la variation de la valeur temps en fonction du temps restant à courir jusqu'à l'échéance. Cette variation n'est pas linéaire et s'accélère notablement à l'approche de l'échéance.

Graphique 1.
La valeur temps

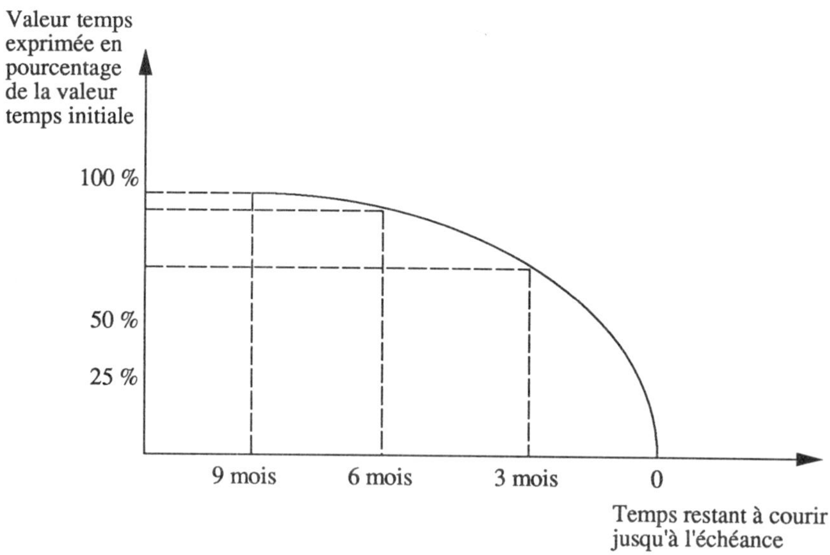

1.2.3. Le cours du titre de base

Le prix de l'option d'achat (de vente) est une fonction croissante (décroissante) du cours du titre sous-jacent.

Lorsque le cours est élevé (faible) par rapport au prix d'exercice, la prime se rapproche de la valeur intrinsèque car la probabilité d'exercice de l'option est très forte, l'incertitude sur l'évolution de la prime diminue et donc la valeur temps diminue.

Lorsque le cours est très faible (très élevé) par rapport au prix d'exercice, la prime devient aussi très faible et n'est constituée que de la valeur temps. La valeur intrinsèque est nulle.

Comme il a été vu précédemment, la valeur temps décroît pour devenir nulle à l'échéance. Ainsi la courbe de l'option à l'échéance s'identifie à la courbe de la valeur intrinsèque.

Le graphique 2 (respectivement le graphique 3) traduit l'évolution d'un call (d'un put) en fonction de la variation du titre de base.

Graphique 2.
Evaluation du cours pour une option d'achat

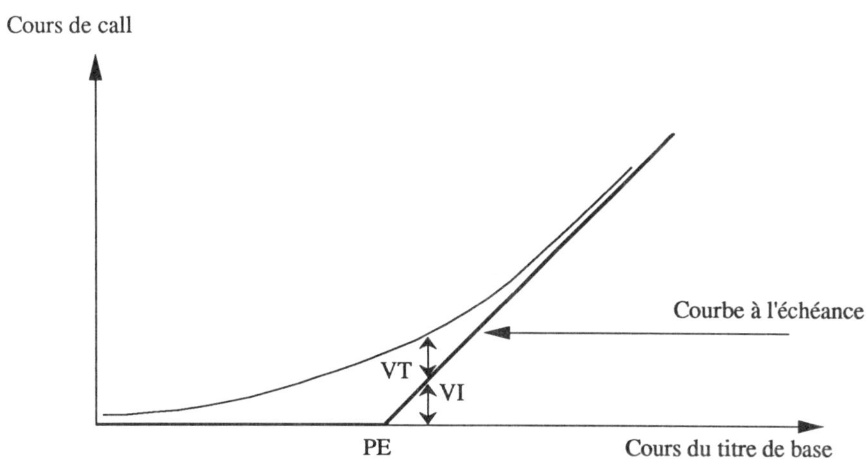

Graphique 3.
Evaluation du cours pour une option de vente

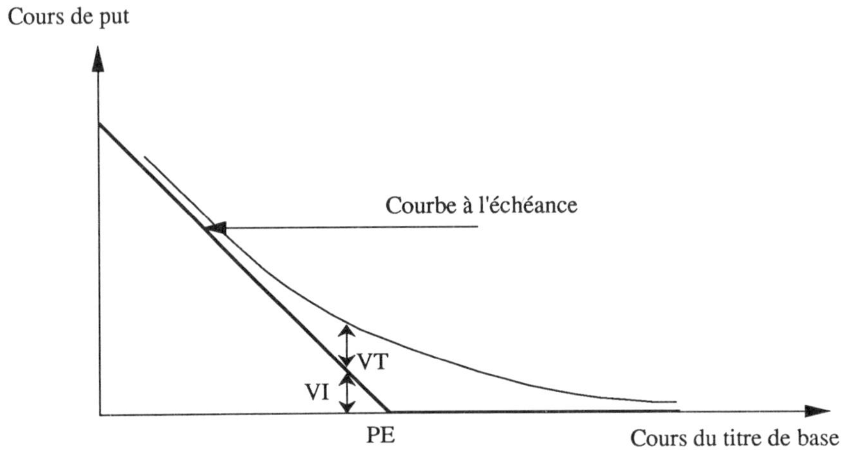

1.2.4. La volatilité

Plus le cours de l'action est volatil, plus la probabilité d'une forte fluctuation de ce cours est importante et donc plus les primes des options seront chères car leurs valeurs spéculatives (ou valeur temps) seront importantes.

Le graphique 4 (respectivement le graphique 5) exprime l'influence de la volatilité du titre de base sur l'évolution d'un call (d'un put). On constate que le prix d'une option est une fonction croissante de la volatilité.

1.2.5. Le taux d'intérêt

L'achat du call permet de différer le paiement en action. En effet, l'acheteur du call se réserve le droit d'exercer son option jusqu'à la date de maturité. Plus le taux d'intérêt est élevé, plus le paiement différé est intéressant. Ceci se reflète dans le prix de l'option d'achat qui augmente avec le taux d'intérêt.

Dans le cas de l'option de vente, le droit lié à l'option représente un encaissement futur donc un défaut de trésorerie immédiat. Ainsi, l'option d'achat se dévalorise avec un accroissement de taux d'intérêt.

Graphique 4.
Evolution du cours en fonction de la volatilité
et de la variation du titre de base dans le cas d'une option d'achat

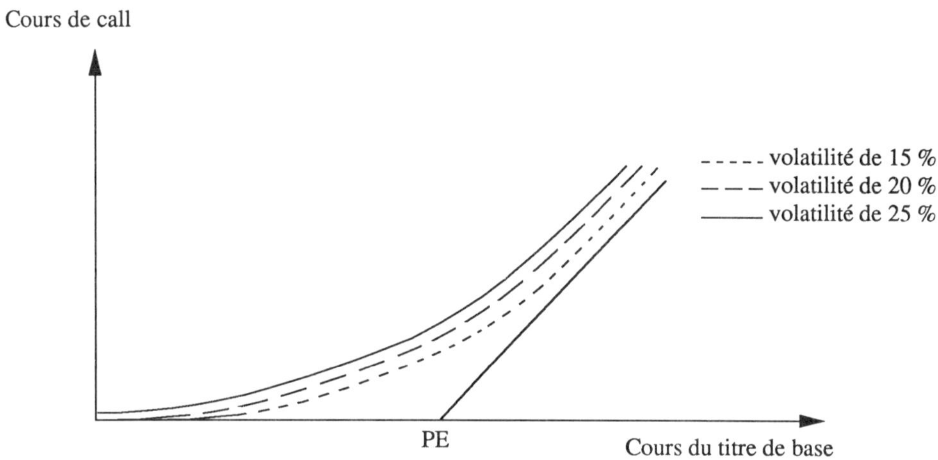

Graphique 5.
Evolution du cours en fonction de la volatilité et
de la variation du titre de base dans le cas d'une option de vente

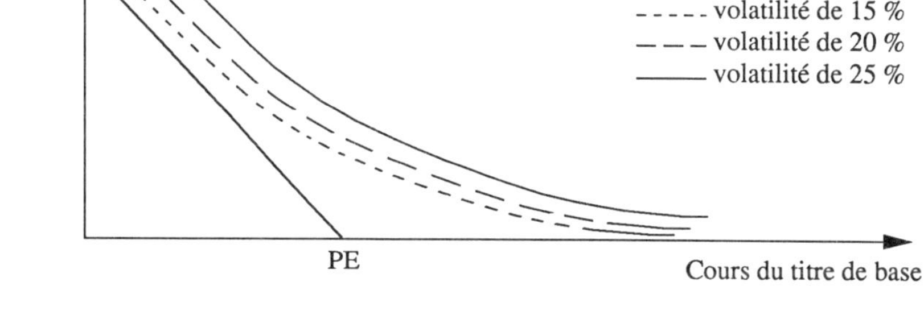

Le graphique 6 (respectivement 7) retrace l'évolution d'un call (d'un put) en fonction d'une évolution du taux d'intérêt.

Graphique 6.
Influence du taux d'intérêt sur le cours d'une option d'achat

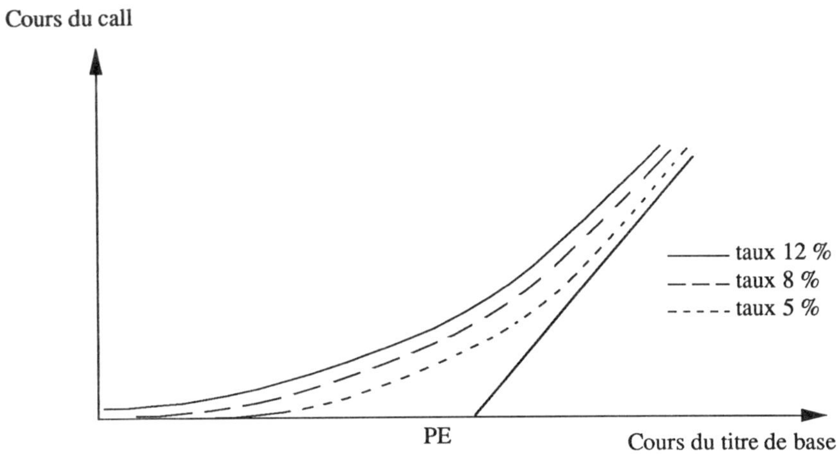

Graphique 7.
Influence du taux d'intérêt sur le cours d'une option de vente

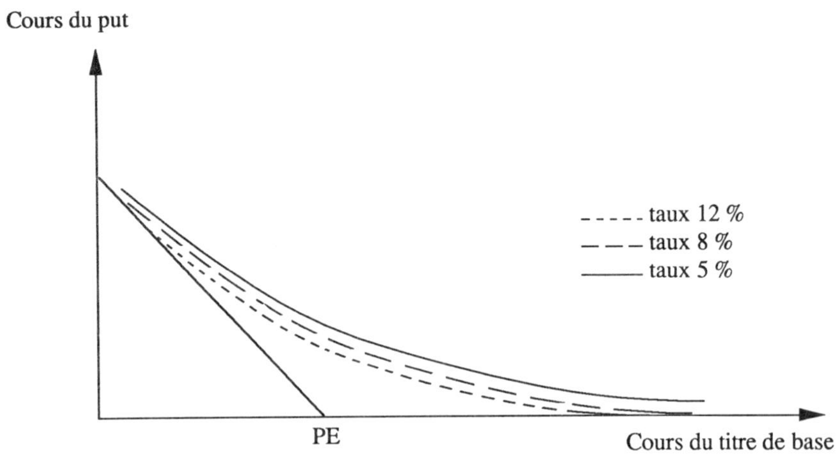

1.2.6. Le dividende

Lors du détachement d'un dividende, la valeur du titre support décroît du montant du dividende.

Sur une option d'achat, l'annonce d'un détachement aura un effet négatif sur le montant de la prime, contrairement à une option de vente.

2. Le modèle d'évaluation des options

Les relations qui lient les facteurs que nous venons de passer en revue et la prime de l'option sont complexes. Sur le plan théorique, la publication en 1973 d'un modèle de Fischer Black et Myron Scholes a révolutionné l'évaluation des options. Ce modèle est applicable aux options européennes et sans hypothèse de dividende.

2.1. Présentation du modèle

La formule établie par Black et Scholes s'énonce de la façon suivante :

$$C = SN(d1) - E\,C^{-rT} N(d2)$$

dans laquelle :

C = Prix du call à l'instant t
S = Prix du titre de base à l'instant t
E = Prix d'exercice de l'option
T = Maturité de l'option (exprimée en fraction d'années)
r = taux sans risque sur la période T-t (taux continu exprimé en % par an)

$$d1 = \frac{\mathrm{Log}\,(S/E) + (r + 1/2 \times \sigma^2)T}{T}$$

$$d2 = d1 - \sigma \times \sqrt{T}$$

σ^2 = variance annualisée du titre support
N(d) = fonction normale cumulée de $-\infty$ à d.

L'écart type σ (ou la variance σ^2) représente la volatilité du titre support. σ peut être calculé sur un historique de cours ou déduit de la formule, pour peu que l'on connaisse le prix de l'option C. σ est alors la volatilité implicite calculée par la formule Black et Scholes pour un cours donné de l'option.

D'autres évaluations plus fines, tenant compte notamment des dividendes versés, ont été mises au point par des méthodes en temps discret (évaluation dite « binomiale » de Cox-Ross-Rubinstein).

La formule de Black et Scholes permet d'estimer un certain nombre de paramètres fondamentaux pour la gestion d'une position : le delta, le gamma et le thêta.

2.2. Le delta

Le delta d'une position indique la variation de sa valeur pour une faible variation de l'actif sous-jacent. Pour une option, le delta peut se déduire de la formule de Black et Scholes en dérivant celle-ci par rapport au cours de l'actif.

$$\Delta = \frac{\delta C}{\delta S}$$

Pour un call, le delta est toujours compris entre 0 et + 1, ce qui traduit le fait que le call est une fonction croissante du cours du titre de base. Pour un put, le delta est compris entre – 1 et 0, ce qui signifie que le put est une fonction décroissante du cours du titre de base.

Le graphique 8 (respectivement 9) représente l'évolution du delta en fonction des variations du cours du titre de base pour un call (pour un put). Ce graphe peut aussi être interprété comme l'évolution de la pente de la courbe de l'option (cf. graphique 2 pour le call et graphique 3 pour le put).

Pour un portefeuille composé d'actifs C_1 et C_2 en quantité n_1 et n_2, le delta de la position s'écrit :

$$\Delta = n_1 \frac{\delta C_1}{\delta S} + n_2 \frac{\delta C_2}{\delta S}$$

soit :

$$\Delta = n_1 \Delta_1 + n_2 \Delta_2$$

Pour un portefeuille à Δ neutre, de faibles variations du cours du sous-jacent n'ont pas d'influence sur la valeur du portefeuille.

$$n_1 \Delta_1 + n_2 \Delta_2 = 0$$

Graphique 8.
Evolution du delta dans le cas d'une option d'achat

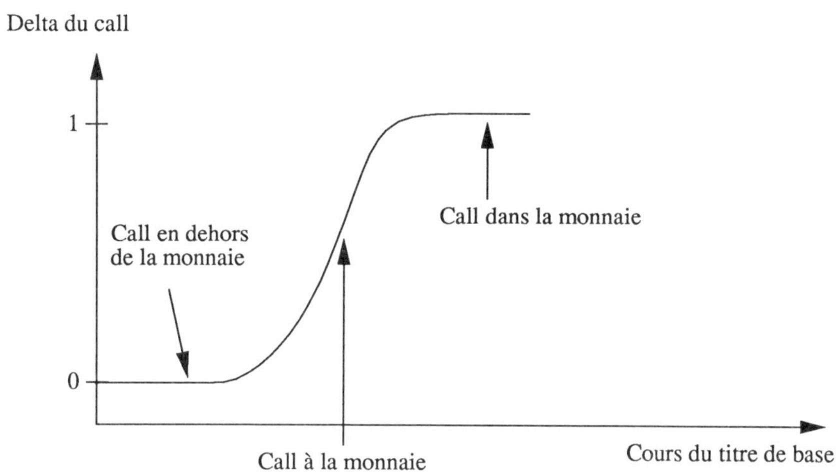

Graphique 9.
Evolution du delta dans le cas d'une option de vente

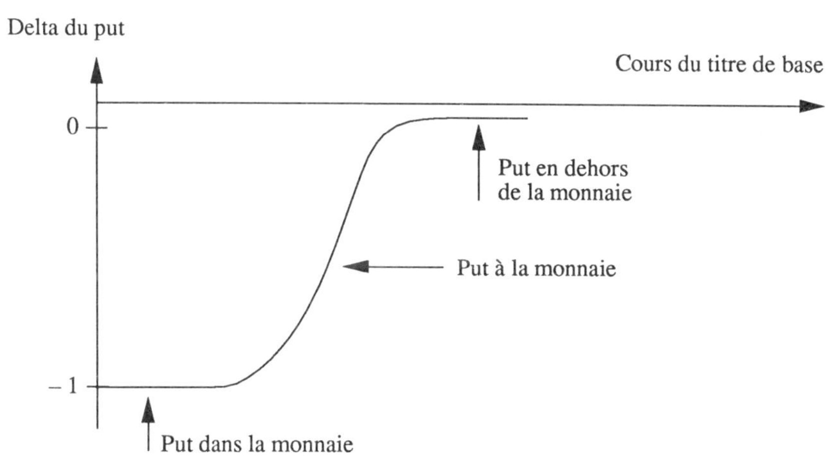

Selon les anticipations d'un opérateur, n_1 et n_2 sont ajustés pour obtenir un delta soit neutre, soit positif, soit négatif.

Δ positif $\rightarrow$ Anticipation d'une hausse de l'actif sous-jacent
Δ neutre $\rightarrow$ Protection contre une variation quelconque de l'actif
Δ négatif $\rightarrow$ Anticipation d'une baisse de l'actif

2.3. Le gamma

Les courbes précédentes montrent que le delta d'une option n'est pas stable en fonction du cours du sous-jacent.

Maintenir un delta constant suivant les anticipations du gestionnaire nécessite donc de connaître sa variation par rapport à celle de l'actif sous-jacent. Cette variation est appelée le gamma de la position. Pour une option, il se définit comme la dérivée seconde de l'option par rapport à l'actif sous-jacent :

$$\Gamma = \frac{\delta^2 C}{\delta S^2}$$

Le graphique 10 représente l'évolution du gamma en fonction des variations du titre de base. Il peut aussi être interprété comme le graphe de la pente de la courbe des graphiques 8 et 9. Pour un cours du titre de base égal au prix d'exercice, le gamma possède une valeur maximum, ce qui traduit que le delta connaît dans cette zone ses plus fortes variations.

Le gamma d'un portefeuille est bien sûr la somme des gammas des actifs composants ce portefeuille.

$$\Gamma = n_1 \Gamma_1 + n_2 \Gamma_2$$

Pour un Δ neutre, il existe trois positions de gamma :

Γ neutre : le delta est insensible aux variations du sous-jacent. Le portefeuille reste donc très stable sur une variation large du sous-jacent.

Γ positif : une variation du sous-jacent valorise le delta donc le portefeuille.

Γ négatif : une variation du sous-jacent dévalorise le delta donc le portefeuille.

Le graphique 11 résume le profil de risque d'un portefeuille à delta neutre suivant la valeur du gamma.

Graphique 10.
Evolution du gamma en fonction des variations du titre de base

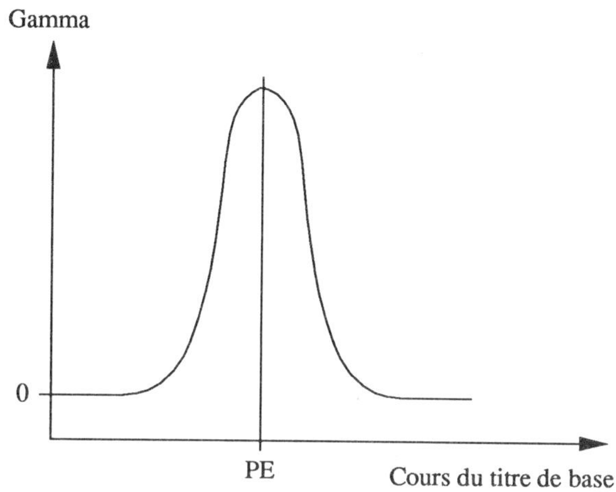

Graphique 11.
Profil de risque d'un portefeuille delta neutre suivant la valeur du gamma

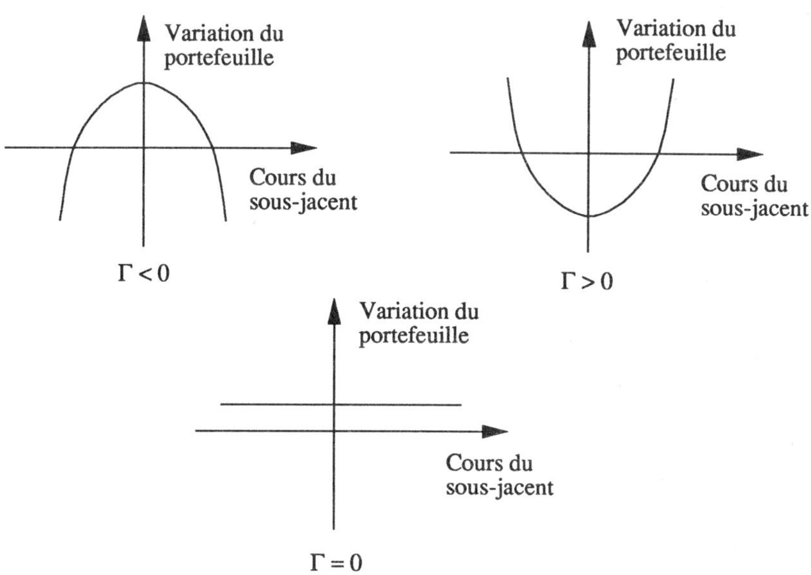

2.4. Le thêta

Une option est un actif sensible au temps. Pour mesurer cette sensibilité, on utilise le thêta. Il représente la dérivée de l'option par rapport au temps.

$$\theta = \frac{\delta C}{\delta t}$$

Le thêta d'un portefeuille se calcule en additionnant le thêta de chaque position.

$$\theta = n_1\,\theta_1 + n_2\,\theta_2$$

Les positions à thêta positif s'apprécient avec le temps, celles à thêta neutre y sont insensibles, celles à thêta négatif se déprécient avec le temps.

Le tableau 11 récapitule l'influence du delta, du gamma et du thêta sur un portefeuille. L'axe des abscisses représente le cours du sous-jacent. L'axe des ordonnées représente la valorisation du portefeuille.

Tableau 11.
Profil de risque d'un portefeuille suivant la valeur du delta, gamma et thêta

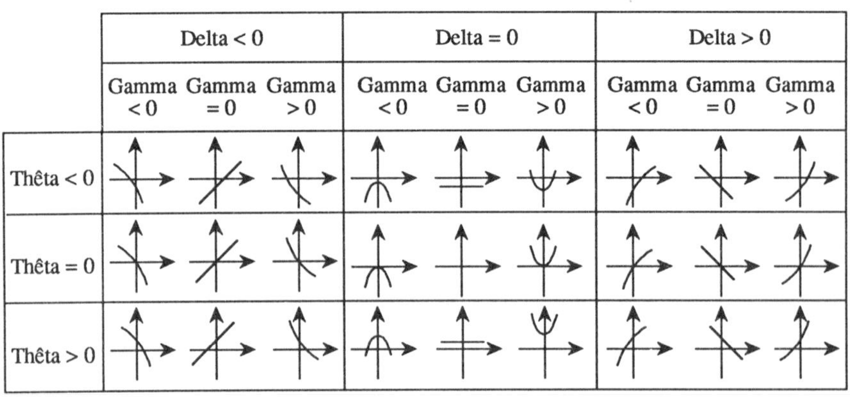

3. Les diverses utilisations des options

Il existe quatre stratégies de base qui sont : l'achat ou la vente d'options d'achat ; l'achat ou la vente d'options de vente. Précisons chacune de ces stratégies.

3.1. L'achat d'options d'achat

Cette opération donne le droit d'acheter le titre au prix d'exercice jusqu'à la date d'échéance ; cette stratégie anticipe une hausse de l'action : en effet, si l'anticipation prévue se réalise, l'acheteur exercera l'option et recevra le sous-jacent à un coût égal au prix d'exercice augmenté de la prime. Si par contre, le cours baisse, il ne lèvera pas l'option et il perdra la prime versée lors de la signature du contrat d'option.

Graphique 12.
Achat d'options d'achat

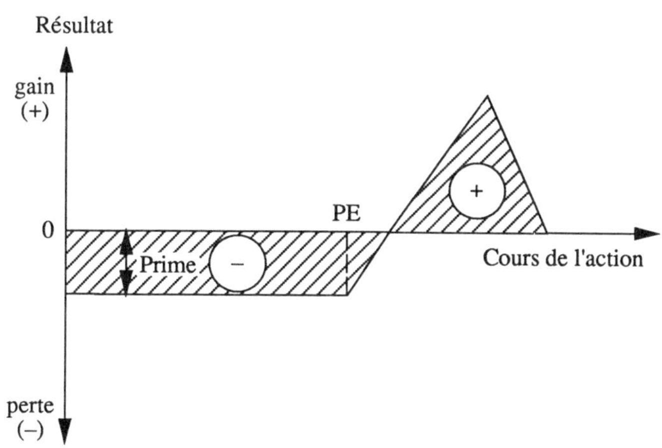

3.2. La vente d'options d'achat

C'est une stratégie spéculative, puisque le vendeur n'a pas le choix : en cas de hausse des cours, il sera exercé et devra vendre les titres à un prix égale au prix d'exercice de l'option. Pour cela, il sera amené à les acheter sur le marché à un cours plus élevé que le montant que lui paiera l'acheteur. En contre-partie il aura encaissé la prime. On constate que cette stratégie est très dangereuse, le risque de perte étant illimité en cas de hausse de l'action.

Graphique 13.
Vente d'options d'achat

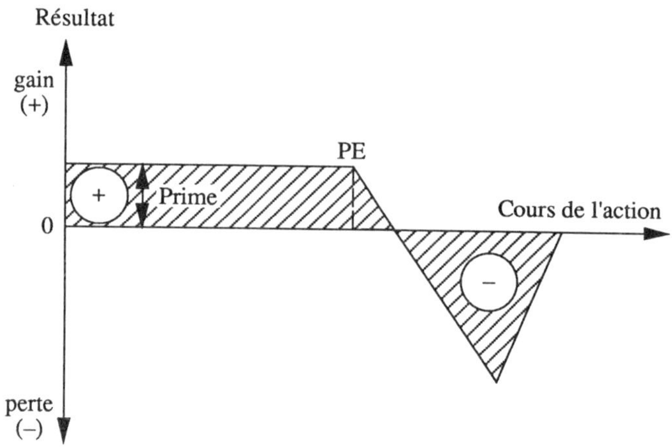

3.3. L'achat d'options de vente

Dans ce cas, l'acheteur anticipe une baisse des cours. En cas de réalisation de cette éventualité, il exercera l'option et vendra donc les titres au prix d'exercice ; de ce fait, cette opération lui rapportera un montant égal au prix d'exercice diminué de la prime. Si par contre le cours du titre monte, il ne lèvera pas l'option et il perdra le montant de la prime.

Graphique 14.
Achat d'options de vente

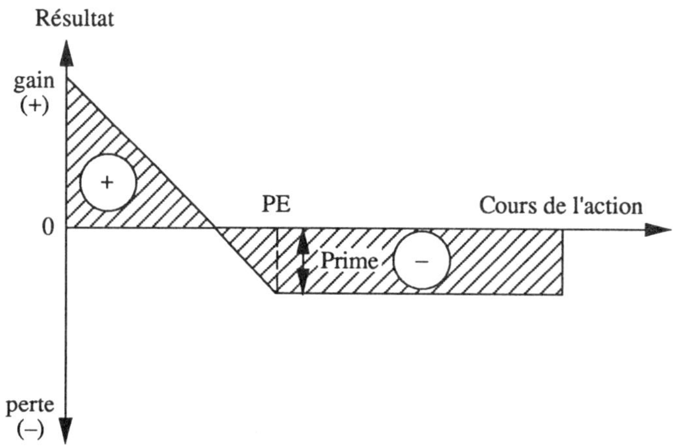

3.4. La vente d'options de vente

Le vendeur adopte, dans ce cas, une attitude spéculative. S'il est exercé, il devra prendre livraison des titres vendus par l'acheteur. Cette éventualité ne se produira que si le cours de l'action baisse ; le vendeur supporte alors un risque illimité. Par conséquent, le vendeur ne sera gagnant qu'en cas de hausse des cours : il encaissera la prime et ne sera pas exercé.

Graphique 15.
Vente d'options de vente

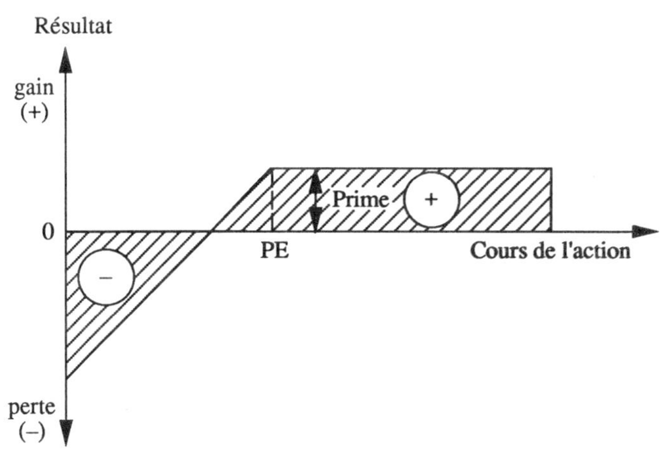

A partir de ces quatre stratégies de base et de l'utilisation du titre sous-jacent, il est possible de construire une grande diversité de stratégies. Nous approfondirons dans la deuxième partie de cet ouvrage celles qui sont le plus communément utilisées par les gérants de portefeuille. Auparavant, nous allons nous intéresser de plus près à ce qui caractérise un investisseur institutionnel, aux contraintes qui s'imposent à lui et aux réponses que peuvent apporter les options dans le domaine particulier de la gestion d'un portefeuille.

Chapitre 3

L'UTILISATION DU MONEP PAR LES INVESTISSEURS INSTITUTIONNELS

par Eric Sanitas

Parmi les différents utilisateurs des marchés d'options, l'investisseur institutionnel paraît destiné à jouer un rôle de premier ordre sur le MONEP. Il est en effet l'un des seuls à disposer de portefeuilles-actions suffisamment stables et importants pour réaliser des volumes significatifs de vente d'options en prenant dans les faits des risques raisonnables.

Au-delà d'un rôle d'animateur classique du marché, l'investisseur institutionnel possède la caractéristique de jouer de façon très importante le rôle de la contrepartie vendeur sur ce marché où le spéculateur choisira de préférence une position acheteur et le gérant des combinaisons mixtes acheteur et vendeur.

Après avoir souligné l'importance du rôle théorique des investisseurs institutionnels sur le MONEP, nous allons donc nous demander comment en pratique ils interviennent sur ce marché.

Avant de décrire l'intervention des investisseurs institutionnels sur le MONEP, il convient cependant de rappeler brièvement dans quel cadre particulier s'effectue la gestion financière de cette catégorie d'investisseurs.

1. La gestion financière d'un investisseur institutionnel

L'investisseur institutionnel est un intervenant possédant de fortes disponibilités à gérer qu'il investit traditionnellement sur le marché des valeurs mobilières, en exerçant une influence souvent très importante sur le fonctionnement de ces marchés.

Un investisseur institutionnel peut être un organisme d'origine étatique (Caisse des Dépôts), une SICAV ou, comme c'est fréquemment le cas, une caisse de retraite ou une compagnie d'assurance. Dans la suite de ce chapitre, nous illustrerons nos propos en nous reposant sur l'exemple d'une compagnie d'assurance.

1.1. La trésorerie d'un investisseur institutionnel

L'investisseur institutionnel est, par principe, excédentaire en capitaux et se trouve donc le plus souvent en situation d'offre sur le marché.

Les obligations des investisseurs institutionnels peuvent cependant différer sensiblement d'une situation à l'autre, au niveau des contraintes imposées à leur gestion.

Les compagnies d'assurance, par exemple, si elles se trouvent effectivement dans une situation de trésorerie excédentaire sont par contre soumises à des restrictions particulières de nature juridique ou économique lorsqu'elles gèrent ces excédents.

Les contraintes juridiques sont représentées par l'ensemble des règles imposées par le Code des assurances concernant la répartition des actifs financiers.

La contrainte économique consiste pour l'assureur à obtenir de ses placement financiers un rendement lui permettant d'annuler les effets de l'inflation sur le montant de remboursement des actifs sinistrés.

Sa position est donc beaucoup moins confortable à gérer que celle par exemple d'une entreprise commerciale de grande surface qui bénéficierait quant à elle d'un excédent de trésorerie gratuit et non réglementé.

Nous allons cependant voir que, dans le cadre de la gestion financière d'une compagnie d'assurance, une politique de placement orientée vers une stratégie du tout obligataire peut révéler très rapidement un certain nombre de limites.

1.2. Les limites d'une politique d'investissement exclusivement obligataire

Contrairement à une idée trop fréquemment reçue, la pratique d'une politique d'investissement exclusivement obligataire représente pour une compagnie d'assurance certains dangers.

L'assureur qui réalise des placements financiers avec la contrainte d'atténuer les effets de l'inflation sur son portefeuille de risque s'expose en cas de fortes tensions inflationnistes à la perspective de subir la double déconvenue d'un portefeuille de risque alourdi par l'inflation et d'un portefeuille d'actifs laminé, à l'inverse, par cette même inflation, principalement dans le cas où il se trouve investi en obligations à taux fixe.

Les produits obligataires à taux variable peuvent par opposition sembler de nature à financer efficacement les compagnies d'assurance avec un niveau de sécurité élevé.

Cette constatation qui se révèle fréquemment fondée à l'heure actuelle doit cependant être nuancée en tenant compte du fait que la conjoncture observée ces dernières années sur les marchés de taux n'a pas toujours permis à une rémunération à taux variable, minorée de la fiscalité, d'assurer une performance satisfaisante, compte tenu du taux d'inflation rencontré au cours de la même période.

Les entreprises d'assurance pratiquant une politique de tout obligataire ont ainsi connu d'énormes problèmes de couverture de risques dans les périodes de forte inflation. Le point culminant de ces difficultés a été atteint en Grande-Bretagne en 1978, et en France en 1979.

A partir de cette époque, les compagnies d'assurance ont accentué leur stratégie de diversification des portefeuilles d'actifs. Cette politique qui associe une grosse moitié d'investissement obligataire permettant d'assurer le financement quotidien de l'entreprise à toute une gamme de produits à rendement différé (actions, immeubles, forêts, capital-risque) présente l'avantage de générer un coussin de plus-values susceptible de faire face dans certaines circonstances exceptionnelles à des niveaux de sinistralité importants.

1.3. La réalisation d'un matelas de plus-values

A l'origine, les compagnies d'assurance associaient leurs investissements obligataires à des investissements immobiliers qui permettaient, en contrepartie d'un rendement souvent peu élevé de se donner une possibilité de plus-values à long terme. Cette stratégie d'investissement leur permettait de faire face à un niveau de sinistralité sensiblement supérieur aux prévisions et dont le financement ne pouvait être obtenu par les seuls revenus du portefeuille obligataire.

Cette méthode de financement combinant des revenus stables à des profits exceptionnels s'est fréquemment révélée très bien adaptée aux besoins des compagnies, notamment dans le secteur de l'IARD (Incendies, Accidents, Risques Divers), en évitant en particulier aux entreprises du secteur d'être contraintes de céder leur portefeuille obligataire dans des conditions défavorables.

Nous devons d'autre part souligner que ces stratégies permettent, en plus de leur bonne adaptation à la situation, de bénéficier fréquemment d'une fiscalité particulièrement favorable.

1.4. L'intérêt fiscal d'une politique de recherche de plus-values

Le bénéfice de ce type de gestion est évident au niveau fiscal. Il permet d'abord au gérant qui assure ses besoins de financement quotidiens par un portefeuille obligataire de différer l'imposition des revenus des autres éléments du portefeuille jusqu'à la date de leur cession.

Il entraîne d'autre part, pour l'ensemble des éléments de l'actif conservés plus de deux ans, une imposition sur les plus-values à long terme de 19 % beaucoup plus intéressante que l'imposition des produits financiers classiques (imposés dans les faits à 42 % pour les entreprises bénéficiaires).

L'ensemble de ces considérations a donc incité les compagnies d'assurance à pratiquer une politique de diversification étendue de leur portefeuille d'actifs, surtout dans le secteur de l'IARD, comme le montrent les tableaux 12 et 13.

Tableau 12.
Les placements financiers des compagnies d'assurance

	1985		1986		1987		1988	
	Mds F	%	Mds F	%	Mds F	%	Mds F	%
Obligations	267	54,6	326	54,3	394	54,9	395	56,5
Actions	276,4	15,6	112	18,7	153	21,4	171	19,5
Immeubles	52,4	10,7	57,2	9,5	104	14,5	117	13,4
Prêts	28	5,6	28	4,6	24	3,4	22	2,5
Trésorerie			30	5	22	3	45	5,1

Source : FFSA.

Tableau 13.
Les placements financiers des compagnies d'assurance vie et dommages en 1988

	1985		1986	
	Mds F	%	Mds F	%
Obligations	140	47,45	355	61,10
Actions	74	25,08	97	16,69
Immeubles	48	16,27	69	11,87
Prêts	8	2,71	14	2,40
Autres	25	8,47	46	7,91
Total	295	100	581	100

Source : FFSA.

Ces tableaux montrent bien l'évolution des placements des compagnies d'assurance depuis quelques années, caractérisée par la stagnation des obligations et le renforcement des actions (moins évident cependant en 1988).

Cette évolution conduit les compagnies d'assurance à tenir sur le marché des actions un rôle d'une importance sensiblement équivalente à celle qu'elles détenaient déjà sur les marchés obligataires, comme le confirme le tableau 14.

Tableau 14.
La part des sociétés d'assurance dans la capitalisation boursière et obligataire (en %)

Capitalisation boursière							Capitalisation obligataire					
1966	**1984**	**1985**	**1986**	**1987**	**1988**		**1966**	**1984**	**1985**	**1986**	**1987**	**1988**
1,1	1,6	1,4	1,4			Caisse des dépôts	4,2	11,6	8,7	7,4		
8,4	11,0	10,1	9,0	15,2	11,5	Assurances	20,9	17,5	15,9	15,8	19,2	22,4
1,9	2,0	1,6	1,4			Caisses de retraite	9,9	6,8	5,9	5,0		
0,6	8,7	8,6	9,0	9,1		SICAV	0,5	14,8	18,8	22,1	22,8	
	1,2	1,4	1,9	2,0		FCP		6,6	8,1	9,1	7,6	
12,0	24,5	23,1	22,7	11,5		Total	35,5	57,3	57,4	59,4		

Source : FFSA.

Cette quantité importante d'actions détenues en portefeuille devrait, dans le cadre de l'évolution des méthodes de gestion impliquant la recherche d'un rendement ou d'une couverture sur un marché à terme, inciter les assureurs à tenir un rôle important sur ce marché.

Nous allons voir comment se déroulent, dans les faits, leurs interventions sur le MONEP depuis sa création en 1987, en soulignant les réticences initialement manifestées et l'évolution progressive de leur activité.

2. Les réticences initiales

Les investisseurs institutionnels ont généralement considéré lors de la création du MONEP que ce marché ne leur était pas destiné. Ils justifiaient ce refus d'intervenir par des oppositions de principe et par des motivations financières.

2.1. L'opposition de principe

L'opposition de principe s'articulait autour de deux arguments principaux :

– *La méfiance des marchés à terme* : ces marchés sont fréquemment considérés par les investisseurs institutionnels comme trop spéculatifs et par conséquent peu conformes aux objectifs véritables d'un institutionnel. Leur image a d'autre part considérablement souffert de certains incidents qui se sont déroulés sur les bourses de commerce et surtout sur le MATIF avant que ce marché ne parvienne à maturité.

– *Le manque d'antériorité du marché* : pour beaucoup de ces investisseurs, un marché trop récent ne correspond pas tout à fait à la gestion financière classique qu'ils entendent pratiquer. L'institutionnel joue sur le marché le rôle d'un client final, et il considère qu'il ne lui appartient pas, par principe, de mettre en place les innovations financières, ce rôle étant dévolu selon lui à des intervenants plus spécialisés.

Nous devons enfin préciser que le MONEP, en débutant son activité dans la période du krak de 1987, a donné à l'origine l'image d'un marché particulièrement volatil et spéculatif et par conséquent assez peu attractif pour ce type d'investisseurs.

2.2. Les objections financières

L'investisseur institutionnel, s'il gère un portefeuille d'actions, réalise peu d'opérations de trading sur les actions. Il possède en général des valeurs de fond de portefeuille, qu'il conserve au moins deux ans pour bénéficier d'une fiscalité plus favorable, et souvent plus longtemps afin de renforcer, autant que possible, son matelas de plus-values. En cas de conjoncture difficile, ce délai doit, en principe, lui permettre d'attendre un éventuel retournement des marchés.

Cette position d'attente est d'autant plus facile à gérer qu'il dispose, en général, de plus-values réalisables dans de nombreux autres secteurs (immobilier, forêt, capital-risque) qu'il peut parfaitement réaliser en cas de besoin de financement.

Dans ces conditions, il considère n'avoir aucun besoin de couvrir son portefeuille actions, et estime, à l'inverse, que la nature et la destination des actifs qu'il gère doivent lui interdire toute opération de type spéculatif sur cette catégorie de marché.

Les réticences initiales ont cependant été relativisées, et les investisseurs institutionnels se sont par la suite orientés vers une politique d'utilisation sélective du MONEP.

3. Nécessité d'une utilisation sélective

3.1. La recherche d'un rendement

De façon paradoxale, l'absence initiale des investisseurs institutionnels sur le MONEP a créé les conditions de leur arrivée en force.

En effet, ce marché a d'abord été animé par des acheteurs attirés par le caractère spéculatif de celui-ci, mais il n'a pas toujours trouvé un nombre suffisant de vendeurs en raison du risque important que représente cette position sans la possession des titres.

Cette situation a entraîné une tension des volatilités impliquant un niveau de prime particulièrement élevé sur les calls et incitant ainsi les institutionnels à tenir un rôle de vendeurs de calls qui semble tout à fait correspondre à leur objectif de rentabilisation d'un portefeuille.

Ces prises de position sur le MONEP représentent, pour les vendeurs de calls, outre leur forte rentabilité d'origine, un niveau de risque satisfaisant puisque les institutionnels qui vendent des calls disposent toujours de la faculté de livrer ensuite leurs titres au prix d'exercice qu'ils ont choisi.

Ces prises de position se sont d'abord révélées particulièrement rentables avant que l'arrivée massive des institutionnels ne remette en cause les niveaux de volatilité et de primes pratiqués sur ce marché.

Le tableau 15 illustre bien le fort niveau des volatilités constaté au début 1988 et la chute de celles-ci dans le courant de l'année.

Tableau 15.
Volatilités sur 1988

Classe : ACCOR/Call Décembre – *Dividende* : (net) 8.50 – *Date* : 04.08.88

Px d'exercice	02 fév.	04 juil.	01 sept.	02 nov.
400	44,10	28,60	26,90	
440	42,40	29,80	26,00	
480		31,10	26,30	
520		21,20	25,40	18,40
560				23,50
600				27,70
Moyenne des volatilités	43,25	30,18	26,15	23,20

Tableau 15. (suite)

Classe : THOMSON/Call Décembre – *Dividende* : (net) 6.00 – *Date* : 11.07.88

Px d'exercice	02 fév.	04 juil.	01 sept.	02 nov.
200	40,80	39,60	34,90	
180	40,30	38,30	33,60	26,40
200		39,80	32,90	30,20
220		45,70	39,80	37,40
240		42,80	47,80	43,60
Moyenne des volatilités	40,55	41,24	37,80	34,40

Classe : CIE du MIDI/Call Décembre – *Dividende* : (net) 12.00 – *Date* : 02.05.88

Px d'exercice	02 fév.	04 juil.	01 sept.	02 nov.
1400	46,00	43,60	30,10	
1550	54,70	43,00	32,50	28,60
1700	53,30	44,10	31,00	34,20
1850		41,30	35,30	38,00
200		43,20	41,20	38,00
Moyenne des volatilités	51,33	43,04	34,02	34,40

3.2. L'optimisation d'une gestion de trésorerie

Dans le cadre de la gestion financière d'un investisseur institutionnel tel que nous l'avons précédemment décrit, le MONEP représente dans certains cas, et à condition que le gérant connaisse avec précision le volume de plus-values qu'il souhaite réaliser, un instrument efficace de stabilisation de la trésorerie.

Ce marché permet en effet à un opérateur, souhaitant réaliser des plus-values sur vente d'actions, de mettre en place un certain nombre de stratégies assurant au vendeur d'actions un flux de trésorerie positif et une plus-value de cession minimum pendant une période déterminée sans être contraint à une vente immédiate de ses titres.

Ces prises de position à base d'achats de puts, financés ou non par des ventes de calls, présentent l'avantage d'éviter au gérant soit d'être contraint de céder ses actions dans des conditions de marché défavorables ou avec des problèmes de liquidité, soit d'anticiper très fortement la date de cession de ses titres, en substituant ainsi au rendement de ses actions des revenus du marché monétaire théoriquement inférieurs.

Les investisseurs institutionnels sont arrivés sur le MONEP dans ces circonstances permettant à leurs opérations traditionnelles (principalement les ventes de calls) de bénéficier d'une rémunération exceptionnelle.

Ces rémunérations tendent aujourd'hui à devenir plus conformes à une logique de marché et nous pouvons donc nous demander dans ces conditions nouvelles quelle sera l'attitude des investisseurs institutionnels. Vont-ils poursuivre leurs stratégies de vente de calls ? Vont-ils adopter des stratégies fondamentalement différentes (comme par exemple certaines stratégies complexes mieux adaptées à la conjoncture actuelle des marchés) ?

Un des éléments de la réponse consiste vraisemblablement dans le fait de savoir si les investisseurs institutionnels se sont donnés des structures stables d'intervention sur le MONEP comprenant le potentiel humain et informatique spécialisé indispensable à une gestion performante sur ce type de marché.

Dans l'affirmative, les institutionnels poursuivront et intensifieront encore (afin de rentabiliser au maximum les moyens engagés) leurs interventions sur le MONEP.

Dans la négative, par contre, il est possible que certains soient tentés de se retirer de ce marché, une des raisons fréquemment invoquées pour justifier une absence d'activité ou une faible activité sur le MONEP étant précisément l'absence d'une structure spécialisée distincte de la gestion sur actions.

L'investisseur institutionnel se trouve donc maintenant sur le MONEP en quelque sorte à la croisée des chemins, même s'il nous semble réaliste de pronostiquer une intervention quasi permanente de la plupart d'entre eux sur ce marché, nous pouvons toujours prévoir, par analogie avec les raisons invoquées pour justifier l'arrivée des institutionnels sur le MONEP, qu'un départ de ceux-ci, en entraînant inévitablement une tension sur les volatilités et les niveaux de prime des calls, instaurerait par la même occasion les conditions de leur retour.

Dans le cas opposé d'un maintien des institutionnels sur le MONEP, nous pourrons maintenant tenter de définir les conditions dans lesquelles peut s'organiser, dans le cadre actuel, leur intervention sur ce marché.

4. Les perspectives futures d'intervention des institutionnels sur le MONEP

Le MONEP, depuis sa création, se caractérise davantage comme un marché de banquiers que comme un marché destiné aux compagnies d'assurances.

Cela tient au fait que la gestion MONEP s'adapte mieux, en pratique, à une gestion dynamique des valeurs supports (trading) qu'à une gestion actions réalisée dans une optique long terme, telle que la conçoivent les compagnies d'assurances.

Nous avons vu précédemment la différence de nature qu'implique, pour une gestion MONEP, le caractère statique ou dynamique d'une gestion actions.

Le paradoxe consiste dans le fait que si les investisseurs institutionnels n'ont pas une gestion actions qui soit parfaitement conforme à la réalisation de certaines opérations sur options, ils disposent, par contre, de portefeuilles actions d'un volume devant leur permettre d'adosser la mise en place de stratégies MONEP très importantes.

Le problème réside donc dans la capacité des investisseurs institutionnels à adopter une gestion MONEP qui soit adaptée à la gestion statique d'un portefeuille actions et qui se distingue donc de la gestion MONEP pratiquée par les banquiers, plus adaptée, quant à elle, à la gestion dynamique d'un portefeuille actions.

Dans un premier temps, la vente de calls a été considérée comme l'opération type de gestion MONEP d'un investisseur institutionnel. Nous allons cependant voir que cette stratégie systématiquement baissière recèle quelques limites, et qu'il convient donc d'envisager d'autres stratégies disposant si possible d'un thêta positif, c'est-à-dire se valorisant au fur et à mesure que le temps passe.

4.1. Le remise en cause d'interventions MONEP exclusivement baissières

Le fait de réaliser des opérations exclusivement baissières sur le MONEP (des ventes de calls principalement) – malgré la bonne rentabilité de ce comportement à l'origine du marché – a dévoilé, par la suite, un certain nombre de limites.

Les ventes de calls, en raison d'un nombre de plus en plus grand de vendeurs attirés par les forts niveaux de prime, ont entraîné rapidement (dès le début de l'année 1988) une chute sensible des volatilités (cf. tableau 15).

Dans ces conditions, les vendeurs de calls se trouvèrent particulièrement mal assurés face à la hausse brutale du marché, lors de l'été 1988 (plus de 10 % en août).

Le manque à gagner subi alors par les opérateurs pratiquant des ventes massives de calls sans les associer à d'autres catégories d'opérations se révèle souvent significatif.

Les incidences de ce phénomène ont été considérablement aggravées dans deux circonstances particulières.

Dans le cas d'une part des intervenants qui ont hésité à intervenir au début du MONEP, à la fin 1987 et au premier semestre 1988, (alors que les conditions de marché étaient particulièrement favorables) et qui se sont décidés à agir milieu 88, alors que les conditions de marché étaient devenues beaucoup plus aléatoires. Les pertes enregistrées alors sur des ventes de calls n'étant pas, dans ce cas, compensées par des gains préalables.

Dans le cas, d'autre part, d'intervenants qui lors des premiers mois d'existence du MONEP décidèrent de réaliser des opérations d'un volume très limité, afin d'analyser le marché et qui choisirent ensuite, dans le courant de 1988 d'intervenir de façon plus massive. En procédant de la sorte, ils réalisèrent des pertes sur des opérations très importantes qu'ils ne compensèrent que par des gains encaissés précédemment sur des opérations de bien moindre volume.

Nous voyons donc que la stratégie de la vente de call ne peut pas être utilisée par un intervenant en permanence, sans représenter un risque d'autant plus important que la possibilité de « rouler » une position à la hausse se révèle souvent peu opérante (la position ne rattrapant pas toujours le titre sans générer un coût très important).

Le fait de n'intervenir par vente de calls que lorsque la conjoncture le permet est d'autre part particulièrement pénalisant car cela ne facilite pas pour l'investisseur la mise en place dans ces conditions de rentabilité satisfaisantes, d'une structure simple d'intervention sur le MONEP.

Ces limites de la vente de calls sont d'autant plus contraignantes pour les institutionnels que les autres méthodes d'intervention sur ce marché ne sont pas forcément adaptées parfaitement à leur pratique générale d'investissement.

4.2. L'imparfaite adaptation aux investisseurs institutionnels de certaines opérations réalisées sur le MONEP

Afin de limiter le risque potentiel d'une vente de calls, l'institutionnel peut parfois avoir recours à des stratégies plus lourdes comme le call ratio, par exemple (cf. chapitre 8).

Le problème posé par le call ratio tient dans le fait que cette opération atténue le risque représenté par une vente de call sec, mais ne le supprime pas car elle consiste, elle aussi, en une opération baissière entraînant un risque théorique illimité en cas de hausse du marché.

Les solutions radicalement différentes ne peuvent donc être matérialisées que par des stratégies haussières ou des stratégies neutres.

Parmi les stratégies haussières, l'achat de calls secs est souvent considéré comme une opération trop spéculative, même si son risque est connu à l'avance. Il s'adapte donc assez mal à la politique de placement d'un investisseur institutionnel.

Les stratégies haussières à base de calls peuvent évidemment paraître plus sécurisantes mais elles présentent, comme les achats de calls secs, l'inconvénient d'un thêta négatif.

4.3. La recherche d'un thêta positif

Dans une logique de rentabilisation d'un portefeuille statique, il semble plus cohérent pour l'investisseur institutionnel de rechercher des opérations offrant un thêta positif afin de bénéficier, autant que possible, du facteur temps de chaque stratégie.

Dans la perspective d'une analyse haussière des marchés, la vente de puts peut donc paraître une stratégie mieux adaptée qu'un achat de calls.

La vente de puts suscite cependant chez les investisseurs institutionnels deux types de réticences :

– La crainte d'un crash et des conséquences financières que ce type d'opération risquerait alors d'entraîner.

– La crainte d'une série importante d'assignations qui gonflerait le volume d'actions détenues et remettrait ainsi en cause l'équilibre respectif de l'ensemble des grandes rubriques du portefeuille.

Ces remarques doivent être nuancées par le fait que des positions vendeur de puts sont souvent plus faciles à rouler que des positions vendeur de calls (les marchés étant à long terme haussier, une position à la hausse est théoriquement plus facile à rattraper avec le temps qu'une position à la baisse).

L'opérateur dispose, là aussi, de la possibilité de choisir la solution du put ratio présentant un risque à la baisse sensiblement moindre.

Dans la perspective d'une analyse neutre de l'évolution des marchés, les opérations de straddle ou de strangle sont les mieux adaptées (cf. chapitre 5).

Elles sont plus sécurisantes que les ventes de puts secs car elles présentent un point mort à la baisse sensiblement plus bas mais ne suppriment cependant pas le risque inhérent à toute vente de puts. De même, elles atténuent sans le supprimer le risque à la hausse représenté par la vente de calls.

Conclusion

Il semble que le développement de la pratique du MONEP par les investisseurs institutionnels permet à ceux-ci de mettre au point rapidement des interventions correspondant à leur stratégie globale d'investissement.

Dans ce cadre, des opérations particulièrement ciblées comme les stratégies haussières à base de puts, offrant un thêta positif et un risque à la baisse limité, peuvent se révéler parfaitement adaptée.

L'investisseur institutionnel doit d'autre part, avec l'expérience du marché être en mesure de compenser la stabilité de son porte-feuille actions par l'utilisation d'une stratégie globale de son portefeuille options.

Il peut en effet, en l'absence de mouvements des titres supports, envisager la mise en place de stratégies d'options de durée et de sensibilité différentes lui permettant de donner une orientation à sa gestion MONEP.

Dans cette perspective, la mise en place de stratégies lourdes à long terme (call ratio, put ratio) couverte temporairement en cas de difficultés conjoncturelles par des stratégies à court terme, plus légères, plus sensibles et plus agressives (vente de puts, vente de calls, ...) peut ouvrir des perspectives nouvelles d'approche du MONEP aux investisseurs institutionnels.

En tout état de cause une présence continue de ceux-ci sur ce marché s'accorderait assez bien avec leur tradition très large d'investissement, ouverte sur un nombre de marchés et de produits aussi importants que possible, dans un souci de diversification des actifs gérés.

Dans les chapitres qui suivent, nous nous attacherons plus particulièrement à la description des stratégies classiques de couverture (vente de calls et de puts, vente de stellages et de strangles).

DEUXIÈME PARTIE

LES OPÉRATIONS DE COUVERTURE

La possibilité de se couvrir, à la hausse comme à la baisse, représente traditionnellement la raison d'être fondamentale de la plupart des marchés à terme. De par leur nature spécifique, les marchés à terme sur actions sont destinés à assurer, pour l'essentiel la couverture d'actifs déjà détenus en portefeuille. Dans ce cadre, les opérations engagées sur ces marchés consistent dans leur quasi totalité en des opérations de couverture à la baisse. Nous devons cependant noter que dans certains cas très particuliers, comme par exemple une prise de participation dans une société cotée, réalisée au moyen d'un ramassage en bourse prolongé dans le temps, une couverture à la hausse peut parfaitement être envisagée par l'acquéreur des titres. Un intervenant souhaitant acquérir dans un délai limité, une participation minimum dans une société cotée sur le marché, risque en effet de voir le ramassage des titres qu'il réalise entraîner une tension à la hausse des titres qu'il acquiert. Il est parfaitement envisageable, dans cette hypothèse, que ses interventions sur le marché, complétées par celles d'intervenants extérieurs, provoquent une hausse brutale des titres concernés, le contraignant, en l'absence de toute couverture à la hausse, de réaliser sa prise de participation dans des conditions financières particulièrement défavorables.

Nous nous permettrons toutefois, étant donné le caractère particulièrement épisodique de ces interventions, de limiter nos observations aux seules opérations de couverture à la baisse.

Sur les marchés à terme, la couverture à la baisse se réalise au moyen de deux interventions distinctes ; la vente de calls et l'achat de puts, qui obéissent chacune à une logique particulière.

La vente de calls correspond à une volonté de couverture partielle qui représente une forme de protection plus complète et plus directe surtout lorsqu'il correspond à certaines caractéristiques de date et de prix d'exercice déterminées. L'acheteur de puts, lui, acquiert en quelque sorte une prime d'assurance contre la baisse d'un actif financier.

Il s'avère cependant parfois difficile d'assimiler systématiquement chacune de ces opérations à une volonté de couverture précise, et il ne semble pas toujours réaliste de considérer que ces deux opérations correspondent à une volonté systématique de couverture.

Il conviendra donc d'abord de définir aussi clairement que possible les opérations de vente de calls et d'achat de puts. Nous nous demanderons ensuite à quoi correspondent ces interventions telles qu'elles sont réalisées dans le cadre du MONEP. Nous devrons ainsi prendre en compte les variations de stratégie découlant notamment du fait qu'un intervenant possède ou ne possède pas les titres supports des valeurs négociées sur le MONEP, souhaite ou ne souhaite pas les céder, négocie des options sur actions ou des options sur indice, réalise ses opérations sur des durées différentes ou des prix d'exercice plus ou moins conservateurs.

Chapitre 4

LES STRATÉGIES SIMPLES : LA VENTE DE CALLS, L'ACHAT DE PUTS

par Eric Sanitas

Dans la première section, nous intéresserons uniquement à la vente de calls, la vente de puts faisant l'objet de la seconde section.

1. La couverture par vente de calls

Après avoir examiné en quoi la vente d'un call équivaut à une couverture partielle d'actifs, nous décrirons les limites pratiques de cette technique de protection.

1.1. La vente d'un call comme couverture partielle d'un actif

1.1.1. Définition

L'opérateur qui réalise une vente de calls encaisse une prime en anticipant une baisse, une stagnation ou une hausse modérée du support dont il cède l'option. Cette opération représente de toute évidence la contrétisation d'une stratégie baissière.

Nous pouvons parfaitement l'assimiler à une opération de couverture en considérant qu'un vendeur d'options peut, s'il agit de façon permanente et sous réserve des règles comptables en vigueur, faire diminuer sensiblement le prix de revient de ses titres, et se préserver ainsi d'une baisse à long terme de ceux-ci. S'il agit de façon ponctuelle, il peut réaliser par sa vente d'options une plus-value qui, en cas de baisse du titre, limitera d'autant la moins-value réalisée sur le support.

Cette opération permet, d'autre part, de générer une trésorerie pouvant être utilisée à l'achat de put.

La vente de calls peut évidemment être réalisée, que l'opérateur possède ou non les titres et qu'il souhaite ou non les céder. Ces différentes hypothèses modifient cependant, dans une proportion très sensible, la nature des opérations engagées.

Dans son principe, la stratégie de vente de calls peut se représenter de la façon suivante :

Graphique 16.
Stratégie de vente de calls

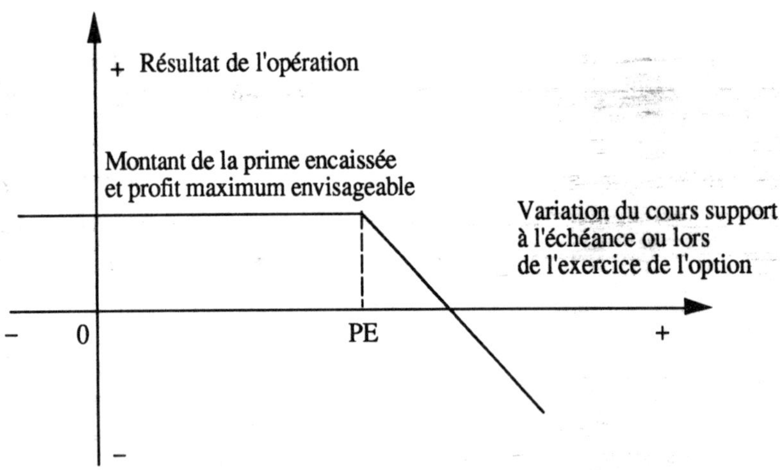

Cette représentation graphique se place dans l'hypothèse d'une option vendue à un prix d'exercice supérieur au cours de l'action et pour laquelle le vendeur n'a pas utilisé la possibilité de rachat offert par le système de compensation de la SCMC.

Dans le cas contraire, le résultat de l'opération se serait matérialisé par un simple calcul de plus ou moins-value sur cession de produits financiers.

L'examen du graphique indique que ce type d'opérations génère une perspective de profit limitée au premium de l'option pour une perspective de perte illimitée.

La matrice de résultat de l'opération[1] aux risques de fluctuations du prix du support par rapport au prix d'exercice PE est :

$$\begin{bmatrix} -1 \\ 0 \end{bmatrix}$$

Son delta est négatif. Son thêta est positif et sera d'autant plus important que le vendeur aura choisi de vendre avec une date d'exercice éloignée et à un prix d'exercice proche du cours du support. Par contre son gamma est neutre ; il dépend dans les faits de la stratégie choisie par l'intervenant. Il sera faible, lorsque le prix d'exercice choisi sera très en dehors ou très en dedans du cours du support, et s'accroîtra chaque fois que celui-ci se rapprochera du prix d'exercice.

1.1.2. Le choix du call vendu

En pratique, les vendeurs de calls choisissent en général, soit des positions se situant à parité et leur permettant, en prenant un risque important, d'encaisser des primes élevées avec d'intéressantes perspectives de plus-values en cas de stagnation ou de baisse des titres, soit des positions très en-dehors qui permettent d'encaisser des primes qui, en période de volatilité élevée, assurent un rendement intéressant en limitant les risques d'exercice.

Les ventes de calls très en-dedans sont, en principe, peu utilisées, car si elles représentent pour le vendeur l'anticipation d'une baisse importante du titre support, elles semblent, dans cette perspective, beaucoup moins adaptées à la situation que les achats de put, ou les cessions directes de titres sans recours à la vente de calls.

Les conséquences de la modulation de l'agressivité du choix du prix d'exercice d'un call vendu peuvent, dans les faits, se schématiser à partir du tableau 16.

---

1. La colonne de cette matrice indique le sens de l'évolution du call. La première ligne correspond à une hausse du support par rapport à PE ; la deuxième ligne à une baisse du support par rapport à PE. Cette matrice indique que la stratégie se dévalorise pour une hausse du support et ne varie pas pour une baisse du support.

Tableau 16.
Rendement et point mort à la hausse

Prix d'exercice	**Dans la monnaie**	**En dehors de la monnaie**	**A parité**
Rendement	Fort	Faible	Neutre
Point mort à la hause	Bas	Elevé	Encaissement maximal de la valeur temps

Nous pouvons donner ici les exemples d'évolution de calls dans un cas de hausse ou de baisse du titre (tableaux 17 et 18).

Tableau 17.
Exemple d'évolution de calls Elf Aquitaine sur un décalage à la hausse du titre

Classe : ELF AQUITAINE	
Le 1er février 90 – Cours : 565	
Vente de call 600 juin à 30	(volat : 23,70)
Le 30 mars 90 – Cours : 642	
Achat de call 600 juin à 65	(volat : 23,40)
et vente de call 640 juin à 30,50	(volat : 16,60)
Le 02 mai 90 – Cours : 668	
Achat de call 640 juin à 46	(volat : 21,70)
et vente de call 680 juin à 25	(volat : 24,20)
Le 1er juin 90 – Cours : 699	
Achat de call 680 juin à 34	(volat : 22,30)
et vente de call 720 juin à 10,50	(volat : 22,30)

1.1.3. Les conditions d'utilisation

L'opération de vente de calls représente, comme nous l'avons vu précédemment, une méthode de couverture partielle. Le choix du prix d'exercice précédemment décrit détermine en grande partie le niveau de la prime encaissée et nous permet d'analyser l'opération de vente de calls à partir des trois critères suivants :

- *Le point-mort à la hausse* : ce critère définit le seuil de hausse d'un titre support à partir duquel une opération de vente de call devient déficitaire.

Tableau 18.
Exemple d'évolution de calls Thomson sur un décalage à la baisse du titre

Classe : THOMSON	
Le 2 novembre 89 – Cours : 181	
Vente de call 220 juin à 17,50	(volat : 43,50)
Le 2 janvier 90 – Cours : 138,50	
Achat de call 220 juin à 3,20	(volat : 43,30)
et vente de call 160 juin à 15	(volat : 35,60)
Le 30 mars 90 – Cours : 138,50	
Achat de call 160 juin à 4,25	(volat : 37,20)
et vente de call 140 juin à 11,30	(volat : 37,10)
Le 1er juin 90 – Cours : 127	
Achat de call 140 juin à 0,80	(volat : 29,80)
et vente de call 120 juin à 10,60	(volat : 40,10)

Il se calcule en ajoutant la prime encaissée au prix d'exercice de l'option.

Exemple : une option vendue 20 francs, permettant à son acquéreur d'obtenir une action pour 100 francs, dispose d'un point-mort se situant à 120 francs.

- *Le rendement* : ce critère définit le rendement que l'encaissement d'une prime représente par rapport au cours du titre support.

Il se calcule en divisant la prime encaissée par le cours du titre support.

Exemple : une option vendue 20 francs sur un titre support d'un cours de 80 francs dispose d'un rendement de 20/80 soit 25 %.

- *Le taux de couverture* : ce critère définit le niveau relatif maximum pour lequel une vente de calls couvre un actif détenu en portefeuille.

Il se calcule en divisant le montant de la prime encaissée par le cours de l'action détenue en portefeuille.

Exemple : une option vendue 20 francs sur un titre support d'un cours de 80 francs dispose d'un taux de couverture de 20/80 soit 25 %.

Nous voyons qu'en pratique le rendement et le taux de couverture définissent deux notions parfaitement identiques.

L'expression de rendement s'applique à l'étude d'opérations de vente de calls motivées par la recherche d'une rentabilisation d'un portefeuille d'actifs, celle de taux de couverture est utilisée dans l'optique d'analyser les opérations de couverture.

Dans le cadre de la gestion d'une vente de calls, il s'avère souvent particulièrement intéressant de comparer les rendements obtenus par ces opérations aux dividendes versés par les sociétés.

1.1.4. La gestion d'une vente de calls

Une position de vente de calls se gère dans le temps à partir de deux situations différentes :

- *La baisse du cours de la valeur support*

Le rachat de l'option vendue présente, pour l'intervenant, trois avantages distincts.

Le rachat du call vendu permet grâce au système de compensation de la SCMC la réalisation et l'enregistrement comptable immédiat de la plus-value réalisée.

Le rachat du call élimine totalement tout risque d'être inquiété en cas de retournement du marché. Cet argument se révèle particulièrement fort lorsque l'option vendue peut être rachetée pour un montant minime.

Le rachat permet au vendeur de suivre la baisse du titre en roulant sa position vers des prix d'exercice plus bas en encaissant une prime plus élevée qui permet d'augmenter ainsi le rendement global de l'opération sans trop détériorer son point mort à la baisse.

- *La hausse du cours de la valeur support*

En cas de hausse sensible du support le vendeur ne souhaitant pas être assigné, peut toujours rouler sa position sur un prix d'exercice plus élevé afin d'éviter le coût financier d'un rachat sec de son call.

Dans ce cas, lorsque le vendeur réalise son opération à parité de volatilité, l'opération engagée peut générer un résultat neutre : le gain en valeur du titre support et l'encaissement du call nouveau annulant la perte consécutive au rachat du call vendu.

Cette situation montre bien à quel point il est important pour un vendeur de céder son option dans de bonnes conditions de volatilité.

Une vente réalisée à des niveaux élevés de volatilité présente, en effet, outre l'avantage du fort niveau de prime encaissé, la perspective de rouler une position à la hausse en limitant au maximum les pertes éventuelles. Nous devons enfin noter qu'un intervenant peut toujours limiter les conséquences financières d'un roulement de vente de calls à la hausse en choisissant de rouler sa position sur des dates d'échéances plus éloignées, comme nous le montre l'exemple présenté au tableau 19.

Tableau 19.
Exemple d'un roulement de calls Elf Aquitaine sur une hausse du titre

Classe : ELF AQUITAINE

Le 02 octobre 89 – Cours : 510
Vente de call 520 mars à 51

Le 02 janvier 90 – Cours : 511 (Roulement sur mars)
Achat de call 520 mars à 21
et vente de call 520 juin à 36

Le 30 mars 90 – Cours : 642 (Roulement sur septembre)
Achat de call 520 juin à 110
et vente de call 680 septembre à 17,5

Le 1er juin 90 – Cours : 699 (Roulement sur décembre)
Achat de call 680 septembre à 45
et vente de call 720 décembre à 47,5

Il est donc évident que cette opération, très fortement spéculative en l'absence de détention des titres concernés (d'où le niveau élevé des deposits exigé par la SCMC) ne peut être considérée comme une opération de couverture que lorsque le vendeur détient les titres correspondant aux cessions de calls réalisées sur le MONEP.

Dans la pratique, l'opération de couverture d'un portefeuille par une vente de calls correspond en fait au schéma suivant :

Graphique 17.
Couverture d'un portefeuille par la vente de calls

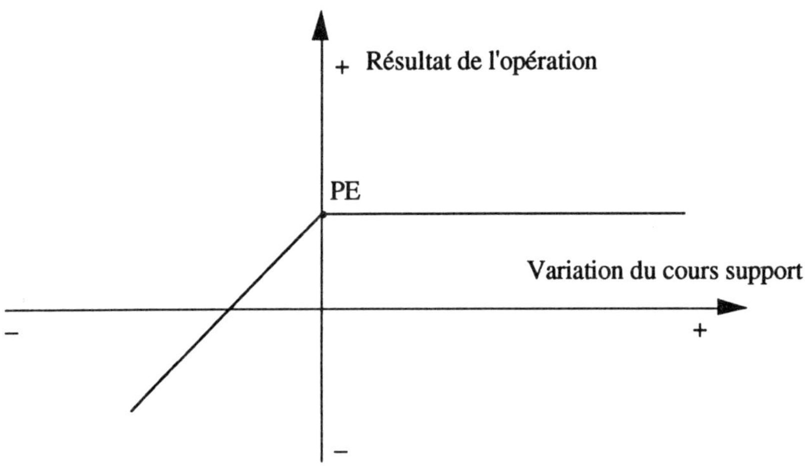

Dans cette hypothèse, la matrice de résultat de la vente d'option :

$$\begin{bmatrix} -1 \\ 0 \end{bmatrix}$$

se combine avec celle de l'achat d'actions :

$$\begin{bmatrix} +1 \\ -1 \end{bmatrix}$$

et devient donc :

$$\begin{bmatrix} 0 \\ -1 \end{bmatrix}$$

Nous voyons que cette stratégie présentant un risque de perte égal à la valeur de l'action moins la prime de l'option et une perspective de gain limitée à la prime de l'option correspond, lorsqu'on la réalise à parité, à une stratégie de vente synthétique de put.

1.2. Les limites pratiques de la notion de couverture par la vente de calls

Dans les faits, il apparaît à l'heure actuelle qu'un grand nombre d'opérations sont réalisées sur le MONEP par des intervenants qui investissent sur des marchés d'actions sans optique de trading (pour des raison économiques ou fiscales) et qui utilisent le MONEP pour compenser par des opérations gagnantes le très faible niveau de dividendes servi sur le marché français.

Nous pouvons en effet noter sur les tableaux suivants le faible niveau de dividendes distribués par les sociétés françaises cotées (tableaux 20 et 21).

Ce type de comportement se constate de façon assez évidente dans les stratégies de vente de calls et de façon plus irrégulière, dans les stratégies d'achat de puts.

Nous avons vu précédemment qu'une vente de calls permet d'assurer la défense d'un actif financier en diminuant le coût réel d'un titre par la réalisation d'opérations successives sur celui-ci, ou en offrant au cédant une perspective de plus-values pouvant atténuer une chute éventuelle de la valeur support.

Nous devons cependant constater qu'en dépit de ces éléments positifs, la capacité de couverture par la vente de calls se heurte, en pratique, à des contraintes comptables, techniques, fiscales et opérationnelles.

1.2.1. Les contraintes comptables

Les règles comptables ne permettent pas, en France, de diminuer le prix de revient d'un titre, les plus-values réalisées sur MONEP étant considérées comme des produits financiers.

Lorsqu'un vendeur de calls cède, par exemple, pour 20 francs l'option d'une action qu'il a acquis 100 francs, il doit considérer les 20 francs obtenus comme un revenu financier et ne peut en aucun cas estimer à 80 francs le prix de revient de son action.

Tableau 20.
Dividendes et rendements des valeurs du MONEP

Valeur	Date	Dividende	Cours	Rendement
Accor	02.07.90	18.75	990.00	1.89 %
Bouygues	01.02.90	7.50	601.00	1.25 %
CGE	29.06.90	16.50	629.00	2.62 %
Cerus	02.07.90	15.00	343.00	4.37 %
CMB Packaging	11.06.90	5.40	171.20	3.15 %
Elf Aquitaine	02.07.90	31.50	686.00	4.59 %
Euro Disneyland	–	–	–	–
Eurotunnel	–	–	–	–
Havas	17.07.90	8.63	595.00	1.45 %
Lafarge	02.07.90	13.12	482.00	2.72 %
Michelin	09.07.90	3.60	92.60	3.89 %
Midi	02.05.90	30.00	1 189.00	2.52 %
Paribas	06.06.90	18.00	624.00	2.88 %
Péchiney	25.06.90	5.87	156.00	3.76 %
Pernod Ricard	25.07.90	19.50	1 174.00	1.66 %
Peugeot SA	02.07.90	24.00	699.00	3.43 %
Rhône Poulenc	31.07.89	30.00	427.50	7.02 %
Saint Gobain	19.06.90	21.75	524.00	4.15 %
Source Perrier	19.07.89	34.50	1 479.00	2.33 %
Sté Générale	11.06.90	22.50	531.00	4.24 %
Suez	02.07.90	10.00	417.40	2.40 %
Thomson	10.07.90	10.20	104.90	9.72 %

Tableau 21.
Dividendes d'un échantillon d'entreprises françaises

Valeur CAC 40	Capitalisation 19.02.90 (MF)	Date détachement dividende 1989	Dividende net 1989	Dividende global 1989
Elf Aquitaine	64961.6	02.07.90	21	31.5
LVMH	57136.5	14.06.90	62	93
CGE	56399.9	29.06.90	11	16.5
Suez (yc CI)	50789.7	02.07.90	7	10,5
UAP	54096	25.06.90	8.6	12.9
Paribas (yc CI)	40858.7	06.06.90	12	18
BSN	39084.1	05.06.90		0

Tableau 21. (suite)

Valeur CAC 40	Capitalisation 19.02.90 (MF)	Date détachement dividende 1989	Dividende net 1989	Dividende global 1989
Générale des Eaux	37368.6	16.07.90	35	52.5
Peugeot	35700.6	02.07.90	16	24
Saint Gobain	33696.4	19.06.90	14.5	21.75
Sté Générale	33292.8	11.06.90	15	22.5
Midi	32785.3	02.05.90	20	30
Air Liquide	28194.7	11.06.90	13	19.5
L'Oréal (yc CI)	24288.2	29.06.90		0
Havas	20749.4	17.07.90		0
Carrefour	19887.5	26.04.90		0
Lafarge Coppée	17400.9	02.07.90	8.75	13.125
Sanofi	15925.2	08.06.90	22	33
Accor	15541.6	02.07.90	12.5	18.75
Thomson	14990.3	10.07.90	6.80	10.2
Canal +	14776.0	20.06.90	18	27
Michelin	13477.1	09.07.90	2.4	3.6
Pernod	13.264:6	25.05.90		0
Lyonnaise des Eaux	13142.1	19.06.90	9.25	13.875
Crédit Foncier	12080.1	08.06.90		0
Cap Gemini	10825.2	01.06.90		0
CCF	10134.1	10.05.90	3.25	4.875
Cie Bancaire	9927.4	29.03.90		0
Saint Louis	9170.8	05.07.90	23	34.5
Merlin Gérin	8625.5	31.07.90	80	120
Bouygues (yc CI)	8554.2	01.08.90	9	13.5
Matra	8055.5	05.07.90	8	12
Legrand (yc ADP)	7930.3	15.06.90		0
Casino (yc ADP)	7670.2	15.05.90		0
Hachette	7323.8	05.07.90	8	12
Chargeurs	7317.2	26.06.90	28	42
CGIP	7077.2	14.06.90	24	36
Club Méditerranée	6925.0	02.07.90	10	15
Arjomari	6183.1	07.06.90		0
Dumez	5448.4	16.07.90	11.5	17.25

(1) dont 20,25 déjà versé le 04.01.90.
(2) dont 7,5 F déjà versé le 01.02.90.
(3) dont 31,88 F déjà versé le 31.01.90. Montant dividende de l'ADP : 60 % supérieur à celui de l'action.

Si dans les faits une plus-value sur option contribue à diminuer le coût réel d'un titre, sa comptabilisation peut, par comparaison à celle des opérations sur titres, créer des distorsions (plus-values court terme/moins-values long terme) de nature à modifier sensiblement l'économie de l'opération réalisée tant au niveau comptable qu'au niveau fiscal.

1.2.2. Les contraintes techniques

Nous devons également constater que, dans la pratique, cette couverture demeure relativement limitée car d'une part l'évolution de la volatilité d'une option empêche le cours de l'option d'avoir une évolution systématiquement et symétriquement parallèle à celle de son support et que la nature même de l'opération limite la capacité de couverture au montant de la prime encaissée.

Cette limite se révèle presque systématiquement insuffisante en cas de baisse sensible du support, tout en représentant un risque de perte théorique illimitée en cas de hausse brutale du titre support.

Les tableaux 22 et 23 donnent des exemples de dépassements à la hausse et à la baisse par des stratégies de ventes de calls couverts par des achats de titres.

Nous devons noter que si l'opération de vente de calls se révèle une stratégie de couverture sur bien des points imparfaite, elle ne correspond que très peu dans la réalité au schéma théorique que nous avons défini lors de l'introduction.

La description pessimiste d'opérations à perspective de gain théorique limité et de perte théorique illimitée masque en réalité une possibilité d'intervention qui s'est fréquemment révélée performante en raison d'un niveau de volatilité des calls particulièrement attractif à certaines époques sur le marché de Paris.

La notion de perte théorique illimitée se révèle dans les faits discutables. Elle s'oppose surtout au fait que l'opérateur qui vend un call, admet parfaitement en principe l'éventualité d'une obligation de vendre et a choisi dans cette perspective un prix d'exercice se situant pour lui à un niveau de transaction acceptable dans le cadre de sa politique globale de gestion du portefeuille actions.

Tableau 22.
Dépassement à la baisse

Classe : PEUGEOT

Le 02 mai 90 – Cours : 887

Achat du titre
et vente du call 880 septembre à 59

Le 02 juillet 90 – Cours : 809
(Valorisation du call 880 septembre : 19

Résultat titre : 78
Résultat option : + 59 – 19 = 40

Le 28 septembre 90 – Cours : 524
(Valorisation du call 880 septembre : 0)

Résultat titre : – 363
Résultat option : + 59

Classe : THOMSON

Le 30 mars 90 – Cours : 138.50

Achat titre
et vente du call 140 juin à 11,30

Le 1er juin 90 – Cours : 127
(Valorisation du call 140 juin : 0,8)

Résultat titre : – 11,50
Résultat option : 11,30 – 0,8 = 10,50

Le 29 juin 90 – Cours : 122
(Valorisation du call 140 juin : 0)

Résultat titre : – 16,5
Résultat option : + 11,30

Tableau 23.
Dépassement à la hausse

Classe : ELF AQUITAINE

Le 30 mars 90 – Cours : 642

Achat du titre
et vente du call 640 juin à 35

Tableau 23. (suite)

Le 02 mai 90 – Cours : 688
Résultat titre : + 26 (668-642)
Achat du call 640 juin à 45 → perte = – 10 (35 – 45)
et vente du call 680 juin à 21
Gain de + 27 (26 + 21 – 10)
Le 29 juin 90 – Cours : 699
Résultat titre : 59
Achat du call 680 juin à 31 → perte = – 10 (31 – 21)
Gain de + 49 (59 – 10)

Le risque engagé ici correspond beaucoup plus à un manque à gagner qu'à une perte réelle. Ces deux notions, en théorie comparables, s'avèrent dans la réalité fondamentalement différentes par l'analyse qui est faite des résultats d'une gestion.

1.2.3. Les déséquilibres fiscaux

Nous devons noter qu'un exercice de call réalisé sur le MONEP peut, lorsque les titres cédés font partie du portefeuille du vendeur depuis plus de deux ans, générer un déficit fiscal assez sensible.

En cas d'exercice, le vendeur de call perd en effet le bénéfice d'une partie de la plus-value réalisée sur cession de titre (celle qui se trouve au delà du prix d'exercice) qui aurait été imposée à 19 % au titre des plus-values à long terme et encaisse parallèlement une prime considérée comme un produit financier et fiscalisé par conséquent à hauteur de 42 %.

NB : Un tel problème peut cependant en général se résoudre par le rachat du call vendu avant l'exercice qui permet d'éviter cette distorsion fiscale.

1.2.4. L'attrait du rendement

Cet inconvénient est peu déterminant comparé au rendement obtenu au cours des deux premières années sur le MONEP par la vente directe de call. Sur un marché soumis à de fortes pressions acheteur, il était en effet relativement aisé de céder des options avec des primes satisfaisantes pour un prix d'exercice particulièrement conservateur, d'où une perspective de rendement attrayante pour un niveau de risque très limité dans la réalité.

Dans le tableau 24, nous étudions quelques cas de ventes de calls en évaluant leur rendement par rapport à la volatilité des options cédées. Le tableau 25 est un exemple de la rentabilité d'une vente de call par rapport à l'évolution du marché.

Tableau 24.
Taux de rendement comparés

Classe : PEUGEOT Call décembre 1990 – Dividende net : 8,5				
Px d'exercice	**31 mai**	**31 juil.**	**Taux rendement call**	**Taux rendement action**
1040	168	90	7,50 %	0,80 %
Classe : MIDI Call décembre 1990 – Dividence net : 12,00				
Px d'exercice	**02 fév.**	**02 nov.**	**Taux rendement call**	**Taux rendement action**
1400	86	55	2,20 %	0,90 %
1550	89	26,5	4,00 %	0,80 %

Tableau 25.
Etude de la rentabilité de la vente du call 140 juin Michelin par rapport à l'évolution du marché entre novembre 1989 et mars 1990

	Cours action	**Prime**	**Rendement de l'action**	**Rentabilité sur prime**	**Rentabilité globale**
2.11.90	163	20,5	1,00 %		
30.3.90	134	7,8	2,00 %	7,80 %	11,50 %

Dividende net : 2,40 FF.

En conclusion de cette partie, nous retiendrons que la vente de calls, surtout lorsqu'elle est réalisée à des prix d'exercice bien en dehors de la monnaie, correspond beaucoup plus à une assurance contre la morosité des marchés qu'à une façon véritablement efficace de se couvrir contre une baisse brutale de ceux-ci. La couverture ainsi obtenue est souvent insuffisante, d'où l'utilisation des achats de put, mais le rendement de ces opérations est souvent satisfaisant. L'intérêt de cette position est donc plutôt de permettre d'optimiser le rendement d'une position en actions qui sans perdre beaucoup de sa valeur n'offrirait sur un marché déterminé qu'un faible potentiel de plus-value réalisable. Il s'agit donc dans les faits d'utiliser au mieux sur un marché à terme la caractéristique thêta positif de la position. Nous devons noter que ce type d'opération s'inscrit dans la même optique que d'autres opérations plus élaborées comme l'écart horizontal ou le call ratio, qui seront développées ultérieurement.

2. La couverture par l'achat de puts

De nouveau, nous suivrons la même démarche que pour la vente de calls : nous montrerons d'abord en quoi l'achat de puts permet de protéger efficacement des actifs, puis, nous nous attacherons à identifier les limites de cette technique.

2.1. L'achat de puts constitue une stratégie de couverture performante

2.1.1. Définition

Dans le cadre du MONEP, l'acheteur de puts acquiert, contre le règlement initial d'une prime, le droit de céder à un prix d'exercice donné et jusqu'à une date limite donnée l'action servant de support au contrat négocié. Cette position à la baisse présente, par sa nature, l'opération de couverture la mieux adaptée au plus grand nombre de situations. En pratique, les opérations réalisées sur les puts sont sensiblement moins nombreuses que les opérations sur les calls, et se situent plutôt à des prix d'exercice proche des cours des valeurs supports.

Dans son principe, la stratégie d'achat de puts peut se représenter de la façon suivante :

Graphique 18.
L'achat de puts

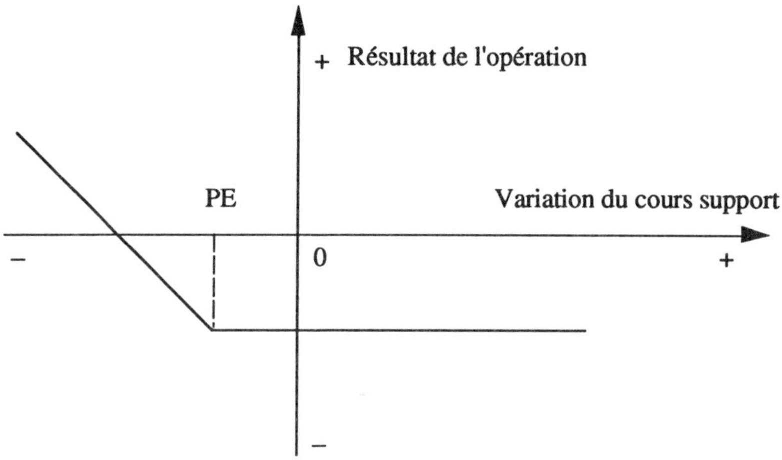

2.1.2. Les ratios de gestion

Dans cette hypothèse, la matrice de résultat de l'opération par rapport au prix d'exercice PE est :

$$\begin{bmatrix} 0 \\ +1 \end{bmatrix}$$

Son delta est négatif. Son thêta est négatif et sera d'autant plus important que l'option aura été achetée avec une date limite d'exercice éloignée et à un prix d'exercice proche du cours du support. Quant à son gamma, il est neutre et dépend dans les faits de la stratégie d'achat choisie par l'intervenant. Il sera faible lorsque le prix d'exercice choisi sera très en dehors ou très en dedans du cours du support, et s'accroîtra chaque fois que celui-ci se rapprochera de la parité.

2.1.3. Les conditions de couverture

Cette intervention d'achat de puts ne peut évidemment être assimilée à une opération de couverture que lorsque l'investisseur détient en portefeuille les actions dont il a acquis les options de vente. Dans le cas contraire, son intervention doit être considérée comme une prise de position spéculative à la baisse, sauf si elle est réalisée sur des puts sur indice, et que l'intervenant envisage une couverture à la baisse, même imparfaite, de titres dont la composition a, bien évidemment, fort peu de chance de correspondre exactement à celle du CAC 40.

Nous devons également noter que la nature de la couverture envisagée varie en pratique selon que l'acquéreur souhaite ou ne souhaite pas céder les actions correspondant aux options acquises.

– Situation de l'acquéreur de puts souhaitant céder des titres

L'acquéreur de puts, souhaitant céder ses actions à plus ou moins long terme, acquiert dans les faits la certitude de vendre à un prix minimum les actions qu'il détient, en acceptant le paiement d'une prime qui risque de se révéler sans objet si le cours des actions ne descend pas au dessous du prix d'exercice avant la vente de celles-ci.

Lorsque le cours du titre support franchit à la baisse le prix d'exercice de l'option, l'opérateur choisit d'exercer son option ou de céder séparément son action et son option en compensant ainsi entre elles la plus-value et la moins-value réalisées.

Ce type d'opération implique évidemment, de la part de l'intervenant, une acquisition d'options sur actions correspondant rigoureusement aux actions détenues en portefeuille.

- Situation de l'acquéreur de puts ne souhaitant pas céder des titres

L'intervenant peut également couvrir les titres qu'il ne souhaite pas céder par l'acquisition d'options de vente, dont la cession lui permettra, en cas de baisse des valeurs supports, de générer une plus-value compensant la dévalorisation des titres détenus en portefeuille.

Cette prise de position demande naturellement une concordance entre les options achetées et les titres couverts beaucoup plus faible que dans le cas précédent, et peut par conséquent se concrétiser par un achat de puts sur indice.

2.1.4. Le choix du prix d'exercice

Le critère de choix d'un prix d'exercice est ici beaucoup plus simple que dans le cas d'une vente de calls. La prise de décision s'apparente en effet davantage au choix d'une prime d'assurance qu'à la mise en place d'une stratégie financière. L'acquéreur peut se contenter, dans ce cadre, de rechercher la couverture la plus performante en acquérant le put bénéficiant du prix d'exercice le plus élevé dans les limites du montant maximal de prime qu'il souhaite investir.

L'intervenant qui réalise une anticipation à la baisse dans la perspective de concrétiser une plus-value sur l'achat de son put sera, quant à lui, beaucoup plus sensible à des critères de nature à engager la rentabilité de l'opération. Il cherchera en particulier à acquérir son option au niveau de volatilité le plus faible possible afin de maximiser ses perspectives de profits ultérieurs.

Nous devons cependant noter que la stratégie d'achat de puts doit, en principe, pour assurer la couverture la plus équilibrée possible, être réalisée sur un prix d'exercice à parité. Le problème réside ici dans le fait que la valeur temps constatée sur une option est d'autant plus importante que son prix d'exercice est proche de la parité.

La caractéristique thêta négatif de l'achat de puts implique qu'une opération de couverture ainsi réalisée génèrera un coût d'autant plus élevé que le prix d'exercice choisi sera proche de la parité.

L'intervenant souhaitant obtenir une couverture sera donc parfois tenté d'acquérir des puts à des prix d'exercice décalés offrant une couverture, certes imparfaite, mais d'un prix de revient réel sensiblement plus faible.

2.2. Les limites pratiques de la notion de couverture par l'achat de puts

2.2.1. Le cadre de la réalisation des opérations de couverture par l'achat de puts

Dans sa nature même, cette opération qui possède des potentialités de couverture beaucoup plus ajustée qu'une vente de call, est en théorie très souvent assimilée à l'opération type de couverture.

Nous devons cependant relever un certain nombre d'interrogations qui nous incitent, sans aller toutefois aussi loin que dans le cadre des ventes de calls, à remettre en cause le caractère défensif de certaines stratégies d'achats de puts. Le point le plus délicat consiste ici à savoir comment nous devons analyser des opérations d'achats de puts qui ne se réalisent pas dans le cadre d'une vente de support.

L'achat d'un put destiné à être exercé afin de permettre la vente d'une action à un prix d'exercice donné représente de toute évidence une opération de couverture, que nous décrirons ultérieurement. Nous pouvons par contre nous interroger sur la véritable nature des stratégies d'achat de puts réalisés sans objectif précis d'exercice (les achats de puts sur indice par exemple).

En principe, ces opérations d'achat de puts sont destinées à réaliser en cas de baisse du marché, un montant de plus-values permettant de compenser la dépréciation constatée sur le portefeuille d'actifs. Il paraît donc cohérent de considérer ces opérations comme de véritables opérations de couverture dans la mesure où l'opérateur possède les titres supports correspondant aux valeurs négociées, même s'il n'envisage pas de les céder. Cette position nous incite cependant à formuler un certain nombre de réserves concernant l'opportunité de considérer ces opérations comme des opérations de couverture plutôt que comme des opérations de gestion.

2.2.2. Les incidences fiscales

La première réserve est d'ordre fiscal : nous devons noter que comme lors des cas étudiés précédemment (vente de calls), l'état de la réglementation ne permet pas, en l'absence d'exercice des options de vente, une parfaite neutralité fiscale de l'opération.

Lorsqu'un opérateur couvre son portefeuille en achetant des puts, il réalise en les revendant une plus-value à court terme. Cette opération taxée à 42 % ne peut en aucun cas couvrir une perte, qui n'est pas enregistrée dans cette hypothèse tant que le titre n'est pas vendu et qui risque fort d'autre part de venir s'inscrire en diminution des plus-values long terme (imposées quant à elle à 19 %).

2.2.3. Les limites financières de la couverture par l'achat de puts

Nous pouvons d'autre part procéder à une réserve d'ordre financier, en considérant qu'un investisseur ne réalise jamais une moins-value tant qu'il n'a pas cédé l'actif qu'il détient. Par conséquent, il n'y a pas de véritable couverture d'un actif qu'on ne souhaite pas céder puisqu'il n'y a pas de moins-values véritablement réalisées (contrairement aux théories comptables généralement admises).

Un acheteur de puts, qui ne souhaite pas céder les titres qu'il détient en portefeuille, se trouve, s'il est pris à contre-pied par une hausse du marché dans une situation particulièrement délicate.

La moins-value effectivement réalisée sur l'achat de puts, n'est en pratique compensée par aucune plus-value réalisée sur cession d'actif.

La seule façon d'obtenir une position équilibrée, comme c'est le cas dans une opération de couverture, consiste à juxtaposer la moins-value réelle occasionnée par l'achat de puts à la plus-value constatée par la simple valorisation des actions détenues.

Cette solution présente de toute évidence deux défauts majeurs. Elle n'est pas admise par la quasi-totalité des systèmes comptables français, qui ne reconnaissent la plus-value qu'après sa réalisation, en ignorant totalement la notion de plus-value estimative.

Elle entraîne d'autre part la prise d'un risque financier considérable. En effet, si l'on accepte de compenser des pertes réelles par des profits éventuels, on s'expose de façon particulièrement évidentes à un retournement à la baisse des marchés qui produirait ses effets après la période d'exercice des options de vente. La perte sur achat de puts perd en effet dans cette hypothèse toute compensation au niveau des actions, l'acheteur se trouvant pris deux fois de suite à contre pied par le marché !

Il conviendrait donc, dans ce type de situation de renouveler systématiquement les achats de puts à la fin de chaque période, ce qui en cas de hausse prolongée des marchés risque de coûter très cher à l'intervenant en raison de la position thêta négatif de l'opération. Il en est de même d'une position d'achat de puts financée par des ventes de calls. Cette stratégie ne coûte rien au départ pour l'intervenant, elle ne subit pas les effets d'un thêta négatif. Elle implique, par contre, lorsque l'opérateur ne souhaite pas céder ses titres la mise en place d'une politique de rachat des calls, qui, en cas de hausse sensible des marchés, pourra se révéler elle aussi particulièrement onéreuse.

Nous voyons donc qu'en pratique le caractère de couverture d'une opération d'achat de puts peut, lui aussi, être très sérieusement contesté dès lors que cette opération est réalisée par un agent qui ne souhaite pas parallèlement se dessaisir des titres qu'il détient en portefeuille.

2.2.4. Le cas particulier des opérations sur indice

Cette analyse peut cependant apparaître comme un peu limitative. Il est possible de considérer qu'un certain nombre d'achats de puts réalisés sur le MONEP, en particulier sur les marchés d'indice, aient pour leur acquéreur la vocation de permettre, à plus ou moins longue échéance, de sortir des titres à des conditions économiques satisfaisantes en cas de baisse des marchés, même si cette sortie des titres n'est pas directement liée à l'opération d'achat de puts.

Conclusion

Plutôt que de se pencher sur chaque opération en étudiant son propre caractère de couverture, il semble plus intéressant de se demander comment les gérants envisagent l'utilisation du MONEP dans le cadre de la gestion globale de leur portefeuille actions et si, depuis la création de ce marché, des données fondamentales de leur gestion actions ont été modifiées.

La question principale consiste à observer la nature des interventions de l'opérateur en se demandant si les interventions d'arbitrage, de couverture ou de gestion réalisées sur le MONEP ne se substituent pas aux opérations de gestion réalisées précédemment sur le portefeuille lui-même.

Nous pouvons en particulier envisager une situation où les ventes de calls et les achats de puts remplaceraient les ventes de titres, les ventes de puts et les achats de calls se substituant quant à eux, aux achats de titres. Dans cette hypothèse, nous pourrions assister à une situation inverse de celle envisagée dans un cadre classique où la détention d'un portefeuille statique servirait à assurer, dans la pratique, la couverture des opérations réalisées sur le MONEP.

Chapitre 5

LES COMBINAISONS DE VENTES DE CALLS ET D'ACHATS DE PUTS

par Eric Sanitas

Nous allons voir maintenant comment, en dépit des limites et des réserves définies dans le chapitre précédent, il reste possible de réaliser sur le MONEP des opérations de couverture à partir de combinaisons de ventes de calls et d'achats de puts.

Nous nous demanderons ensuite, après avoir noté l'efficacité de ces stratégies, les raisons qui incitent un opérateur à se couvrir plutôt qu'à céder ses titres de suite en investissant le prix de la cession sur le marché.

Nous constaterons enfin que les achats de puts peuvent donner lieu à des stratégies plus offensives.

1. Les stratégies de couverture à base de ventes de calls et d'achats de puts

Dans la catégorie des opérations de cette nature, les deux stratégies de couverture les plus réalistes nous semblent consister d'une part en l'achat de puts réalisé dans la perspective d'une vente du titre support et d'autre part en l'achat de puts financé par la vente de calls. Nous allons donc décrire successivement ces deux stratégies.

1.1. L'achat de puts précédant la vente d'un titre

Cette opération représente de toute évidence l'opération de couverture la plus pure qu'il soit possible d'imaginer.

Elle permet à l'intervenant d'obtenir l'assurance absolue de céder le titre qu'il détient, un jour donné, à un prix déterminé.

Cette opération ne peut en aucune façon être considérée comme une opération de spéculation, car, dans la mesure où l'opérateur souhaite céder son titre, cette position ne peut évoluer que dans deux directions :

– Soit le prix du titre support monte, et, dans ce cas, l'intervenant cède son titre à un prix de marché en général supérieur au prix d'exercice de son option. Il réalise alors une plus-value sur la vente de son support mais peut considérer comme une perte sèche le premium versé pour l'achat de l'option de vente (notion de prime d'assurance).

– Soit le prix du titre support baisse, et, dans ce cas, l'acquéreur, s'il souhaite vendre son titre au prix d'exercice, devra utiliser son option en renonçant par conséquent à réaliser toute plus-value sur une cession éventuelle de celle-ci.

L'exercice du put se justifie cependant essentiellement lorsque celui-ci est suffisamment dans la monnaie ou ne bénéficie que d'une faible valeur temps. Dans le cas contraire, il peut sembler préférable de vendre séparément le put et le titre en compensant la moins-value réalisée sur le titre par une plus-value supérieure sur le put. L'écart entre la moins-value enregistrée sur titre et la plus-value réalisée sur put peut alors servir à financer les frais de mise en place et de débouclage inhérent à ce type d'opérations.

Nous voyons donc que dans cette opération, l'achat d'une option de vente exclut toute éventualité de plus-values réalisables, mais permet à celui qui la met en place d'assurer une couverture à la baisse de l'opération de vente de titres qu'il envisage de réaliser ultérieurement.

Les tableaux 26 et 27 donnent l'exemple de la performance d'une couverture par achats de puts dans le cas d'une chute brutale du support.

L'absence d'opportunité de gains dans cette opération s'explique tout à fait par la nature même de celle-ci. Cette stratégie étant une couverture, elle génère un coût qui correspond à la prime d'assurance de l'opération de vente des titres. Ce coût tire son origine du caractère thêta négatif de l'opération, l'acquéreur du put devant payer la valeur temps du contrat qui évolue évidemment en fonction de la durée de la couverture envisagée et de la volatilité des titres couverts.

Tableau 26.
Couverture par achat de puts sur Michelin entre janvier 1990 et juin 1990

Classe : MICHELIN

Le 02 janvier 90 – Cours : 164,6

Achat de titre
Achat du put 160 juin à 8
ou achat du put sec 160 juin à 8

Le 02 mai 90 – Cours : 140

Valorisation du put 160 juin : Valeurs intrinsèques = 166 – 140
Valeur temps = 3
Résultat titre seul : – 24,6
Résultat titre + option : 160 – 140 – 8 + 3 – 24,6 = – 9,6
→ gain théorique de 15 (c'est-à-dire 24,6 – 9,6)
Résultat du put sec : 160 – 140 – 8 + 3 = 15

Le 27 juin 90 – Cours : 99,3

Valorisation du put 160 juin : Valeur intrinsèque = 160 – 99,3
Valeur temps = 0
Résultat titre seul = – 65,3
Résultat titre + option : 160 – 99,3 – 8 – 65,3 = – 12,6
→ gain théorique : 52,7 (c'est-à-dire 65,3 – 12,6)
Résultat du put sec : 160 – 99,3 – 8 = 52,70

Tableau 27.
Couverture par achat de put sur Thomson entre janvier 1990 et juin 1990

Classe : THOMSON

Le 02 janvier 90 – Cours : 151,2

Achat de titre
Achat du put 160 juin à 17,5
ou achat du put sec 160 juin à 17,50

Tableau 27. (suite)

Le 02 mai 90 – Cours : 142,1

Valorisation du put 160 juin : Valeurs intrinsèques = 160 – 142,60
Valeur temps = 0,6

Résultat titre seul : – 9,10

Résultat titre + option : 160 – 142,1 – 17,5 + 0,6 – 9,10 = – 8,1

→ gain théorique de 1 (9,10 – 8,1)

Résultat du put sec : 160 – 142,1 – 17,5 + 0,6 = 1

Le 01 juin 90 – Cours : 127,6

Valorisation du put 160 juin : Valeur intrinsèque = 160 – 127,6
Valeur temps = 0,1

Résultat titre seul : – 23,60

Résultat titre + option : 160 – 127,6 – 17,5 + 0,1 – 23,60 = – 8,6

→ gain théorique : 15 (23,6 – 8,6)

Résultat du put sec : 160 – 127,6 – 17,5 + 0,1 = 15

Le 27 juin 90 – Cours : 119,6

Valorisation du put 160 juin : Valeur intrinsèque = 160 – 119,60
Valeur temps = 0

Résultat du titre : – 31,6

Résultat titre + option : – 8,70 (160 – 119,6 – 17,5 – 31,6)

→ gain théorique : 22,90 (31,6 – 8,7)

Résultat du put sec : + 22,9 (160 – 119,6 – 17,5)

Le tableau 28 illustre le problème des coûts de couverture sur actions et sur indice.

Tableau 28.
Coûts de couverture sur Peugeot, Paribas et l'indice CAC 40 fin août 1990

Exemple sur PEUGEOT :

La formule utilisée est : $\frac{\text{Valeur du portefeuille}}{\text{Valeur du marché}} \times \frac{\text{Bêta de l'action}}{\text{Delta du put}}$

Le 24.08.90 : couverture d'un portefeuille de 10 millions de francs.
Cours : 569.
Achat du put 600.

$$\frac{10\,000\,000}{100 \times 569} \times \frac{1{,}771}{0{,}37} = 840$$

Pour être couverte, le gérant doit acheter 840 puts septembre à 16,50 soit un coût de couverture de 1 386 000 (13,86 %).

Tableau 28. (suite)

Exemple sur PARIBAS

Le 24.08.90 : cours = 462 achat du put 480.

$$\frac{10\,000\,000}{100 \times 462} \times \frac{1{,}310}{0{,}51} = 554{,}11$$

Pour être couvert, le gérant doit acheter 555 puts 480 septembre à 39 soit un coût de couverture de 2 164 500 (21,64 %).

Exemple sur l'indice

Le 24.08.90 : couverture d'un portefeuille de 10 000 000 FF.
Cours : 1602
Achat du put 1600 septembre.

$$\frac{10\,000\,000}{200 \times 160} \times \frac{1}{0{,}46} = 67{,}60$$

Pour être couvert, le gérant doit acheter 68 puts 1600 septembre à 89 soit un coût de couverture de 1 210 400 (12,10 %).

1.2. L'achat de puts financé par la vente de calls

Cette opération peut s'inscrire dans le même esprit que celle décrite précédemment. Elle représente, pour l'intervenant qui la réalise, une possibilité de se couvrir pour un montant de prime nul ou quasiment nul.

Dans ce type d'opération, l'opérateur se couvre à la baisse sans payer de prime mais en acceptant, à l'inverse, de renoncer totalement aux perspectives de plus-values qu'entraînerait pour lui une remontée de la valeur support.

Cette combinaison qui annule le risque de perte à la baisse et les perspectives de gain à la hausse correspond, en pratique, à une vente synthétique du titre.

Cette stratégie peut se représenter graphiquement de la façon suivante :

Graphique 19.
Achat de puts financé par la vente de calls

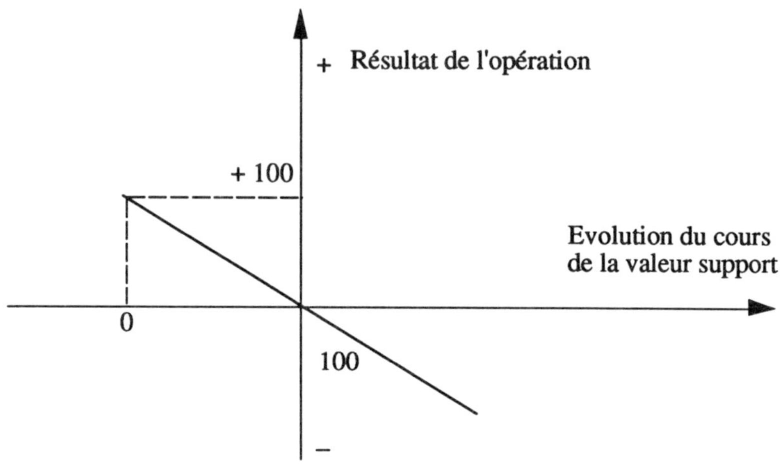

Ce graphique représente l'évolution d'une position de ventes de calls et d'achats de puts à laquelle n'est pas associée une opération de vente de titre.

Il se place dans l'hypothèse d'un nombre de puts achetés égal au nombre de calls vendus et dans la perspective où l'opérateur ne solde aucune de ses deux positions en enregistrant une plus ou moins-value à partir du système de compensation mis en place par la SCMC.

Globalement cette position offre des gains limités au prix d'exercice de l'option de vente et un risque de perte illimité (en raison de la vente d'une option d'achat).

Exemple : pour un prix d'exercice de 100 francs, un opérateur cède un call 15 francs et acquiert un put 15 francs.

Le profit maximum (lorsque le cours de l'action est égal à 0) s'élève à : 100 francs (cours théorique de l'option) + 15 francs (premium de call) - 15 francs (premium du put) soit 100 francs.

En cas de hausse du titre, le point mort s'élèvera à 100 francs (prix d'exercice) + 15 francs (premium du call) - 15 francs (premium du put) soit 100 francs.

A partir de ce seuil, la position présente donc un risque de perte illimité.

La matrice de résultat est :

$$\begin{bmatrix} -1 \\ +1 \end{bmatrix}$$

Elle est delta négatif (en cumulant le caractère delta négatif de la vente de call et de l'achat de put). Le thêta et le gamma sont neutres (les effets positifs et négatifs des ventes de calls et des achats de puts s'annulant entre eux).

Le tableau 29 illustre cette opération par un exemple sur le titre Peugeot.

Tableau 29.
Exemple de stratégie « achats de puts ventes de calls »

Classe : PEUGEOT			
Le 1er juin 1990 – Cours : 831 Achat du put 840 septembre à 45 Vente du call 840 septembre à 51 et achat du titre à 831 Profit maximum : + 15 (840 – 831 – 51 + 45) Point mort à 846			
Evolution du support			
Cours du support	800	850	900
Résultat	15	15	15
Résultat titre	– 31	19	69
Résultat/titre	46	– 4	– 54

Nous voyons donc que cette stratégie ne peut pas être systématiquement assimilée à une opération de couverture car elle peut aussi représenter, pour l'opérateur qui la réalise, une anticipation spéculative d'un recul de la valeur support.

Dans ce cas, en effet, le spéculateur à la baisse dispose d'un effet de levier considérable en maximisant la plus-value réalisée sur l'achat d'un put dont il aura quasiment annulé le prix de revient par la vente d'un call dont le cours évoluera de plus en plus vers zéro.

Nous pouvons par contre considérer que, comme pour les achats de puts secs que nous avons envisagés dans la première section, la volonté de ne pas céder les titres supports modifie sensiblement les données stratégiques de cette opération.

Dans ce schéma, en effet, comme dans celui d'un achat de puts sec, la moins-value réalisée sur l'acquisition d'options de vente n'est compensée par aucune réalisation de plus-values sur cessions d'actions, mais se trouve sensiblement détériorée, pour l'intervenant ne souhaitant pas céder ses titres, par la nécessité de racheter les calls vendus dans des conditions qui se révèlent souvent particulièrement pénalisantes.

Nous pouvons donc conclure que cette opération est une bonne opération de couverture, qui permet, pour une prime quasiment nulle, de cerner le prix auquel le gérant souhaite céder une action à un moment donné. Elle peut aussi représenter, lorsque les titres couverts ne sont pas destinés à être cédés, une anticipation à la baisse qui possède, selon l'évolution des titres supports, un effet de levier considérable.

Nous devons cependant nous demander, après cette description des stratégies de couverture réalisées à partir d'opérations d'achats de puts financés ou non par des ventes de calls pourquoi un intervenant préfère couvrir une vente future que de réaliser immédiatement la cession qu'il envisage en investissant ensuite les fonds obtenus sur le marché monétaire jusqu'à leur date d'utilisation.

2. Couvrir plutôt que vendre : les motivations d'une stratégie de couverture

Le choix d'une stratégie de couverture d'une vente différée se justifie dans les faits par quatre raisons distinctes d'origine financière ou fiscale.

2.1. La recherche d'une plus-value sur titre supplémentaire

L'opérateur doit impérativement céder les actions qu'il détient dans un proche avenir, il pense que ses titres vont monter, et préfère donc les conserver dans son portefeuille jusqu'à la date limite de vente.

Dans cette perspective, il accepte cependant de payer une prime, afin de s'assurer un prix de revente minimum au cas où ses anticipations haussières ne seraient pas fondées. Il anticipe donc dans ce cadre une hausse prochaine des titres supports qui sera suffisamment importante pour que la plus-value réalisée à l'occasion de la vente des titres, bien que minorée du premium versé pour l'option de vente, demeure supérieure aux taux du marché monétaire sur la période concernée. Un intervenant, guidé par des motivations de cet ordre, n'associe évidemment jamais son achat de puts à une vente de calls.

2.2. *La recherche d'une fiscalité plus favorable*

L'opérateur détient en portefeuille des titres qu'il souhaite céder à des cours proches du cours actuel. Ces titres cependant sont détenus depuis moins de deux ans et l'opérateur ne souhaite pas que la plus-value réalisée soit imposée au taux de l'impôt sur les sociétés. Il décide donc de conserver les titres pendant la période lui permettant d'atteindre un délai de deux ans, afin de bénéficier du régime d'imposition à long terme des plus-values (19 %), et met parallèlement en place une couverture lui permettant de se préserver des risques d'évolution à la baisse des valeurs détenues dans son portefeuille.

Dans ce cas, comme dans les deux cas suivants, l'opérateur qui se couvre à la baisse choisit, selon la probabilité qu'il accorde à une éventuelle hausse du marché, d'assortir son achat de puts à une vente de calls pour rentabiliser au maximum la couverture.

2.3. *La recherche d'une fiscalité différée*

L'opérateur souhaite céder des titres qu'il détient en portefeuille à leur cours actuel, mais plutôt que de céder ceux-ci en fin d'exercice, en réalisant une plus-value comptabilisée dans les résultats de l'exercice en cours, il préfère reporter la cession au début de l'exercice suivant en bénéficiant ainsi d'un délai de trésorerie d'un an sur l'imposition de l'opération.

Afin de ne pas avoir à subir les aléas de la conjoncture boursière, l'intervenant met en place dans ce cadre un dispositif de couverture sur les marchés à terme lui permettant d'assurer à l'avance un cours minimum de revente des titres détenus.

2.4. La volonté de lisser une performance

L'opérateur souhaite vendre des titres qu'il possède dans son portefeuille et qui représentent pour lui d'intéressantes perspectives de plus-value.

Il préfère cependant, dans une optique de recherche du lissage dans le temps de la performance de son entreprise, que la plus-value réalisée ne soit pas enregistrée dans les comptes de l'exercice mais dans ceux de l'exercice suivant.

Il conserve donc les titres détenus en portefeuille jusqu'au début de l'exercice suivant en garantissant ceux-ci d'une éventuelle chute de leurs cours par des opérations d'achat de puts.

Cette stratégie est particulièrement importante pour les entreprises cotées sur un marché financier souhaitant obtenir l'évolution la plus régulière possible de leur performance afin de stabiliser au maximum l'évolution de leurs cours de bourse.

3. Les achats de puts en tant que stratégie offensive

Nous devons d'autre part noter que les opérations d'achat de puts peuvent se révéler paradoxalement d'excellentes opérations de couverture lorsqu'on ne les associe pas à des ventes de calls.

Deux stratégies distinctes s'inscrivent tout particulièrement dans ce cadre : la couverture du risque de marché et la couverture du risque sur titres. Revenons sur chacun de ces deux points.

3.1. La couverture du risque de marché

La stratégie d'achats de puts sur indice, liée à celle d'achats de calls ou de ventes de puts sur certaines valeurs supports, permet à un opérateur, haussier sur certains titres déterminés, de se couvrir des risques de l'évolution globale d'un marché qui lui paraît incertaine.

3.2. La couverture du risque sur titre

La stratégie d'achats de puts sur certaines valeurs supports, liée à une stratégie d'achats de calls ou de ventes de puts sur indice, permet à l'intervenant anticipant une hausse générale du marché de se couvrir des incidents que risquerait de connaître un certain nombre de valeurs pour lesquelles il est plus pessimiste.

Ces types de stratégies sont particulièrement utiles sur un marché comme Paris, où l'évolution à la baisse d'une des valeurs phares de la cote (Peugeot, Paribas...) suffit à entraîner dans son sillage le reste du marché.

Nous devons noter que dans ces deux cas, l'opération se réalise en pratique par achats de puts exclusivement, la vente de calls offrant ici une couverture souvent trop faible et mal adaptée, et qu'en principe, les opérations d'achats de puts et de ventes de calls ne sont que très rarement associées dans ces circonstances. L'exemple du tableau 30 illustre parfaitement cette stratégie.

Tableau 30.
Couverture du risque sur titre

<table>
<tr><th>Date</th><th>Cours de THOMSON</th><th>Cours de l'indice CAC 40</th></tr>
<tr><td>01.09.89
06.10.89</td><td>111.20
91.43</td><td>1877.6
1922</td></tr>
<tr><td colspan="3">Le 01.09.89 : achat d'un put THOMSON 110 déc. à 6 FF (prévision d'une baisse du cours du titre de Thomson).
Le 06.10.89 : valorisation du put Thomson 110 déc. à 19.00 FF
→ gain de 19 – 6 = 13 FF
Simultanément :
– le 01.09.89 : achat d'un call indice CAC 40 1900 déc. à 81 FF (prévision d'une hausse de l'indice),
– le 06.10.89 : valorisation du call indice CAC 40 1900 déc. à 98 FF.
→ gain de 17 FF.
Conclusion : dans cette stratégie, l'anticipation haussière sur l'indice s'est révélée positive et a été améliorée par l'anticipation baissière sur Thomson.</td></tr>
</table>

Nous pouvons donc conclure en confirmant que les opérations de ventes de calls et d'achats de puts ne peuvent être considérées sérieusement comme des opérations de couverture qu'à partir du moment où les opérateurs concernés sont associés à des transactions devant être effectivement réalisées sur les valeurs supports.

Nous devons cependant élargir le cadre de la notion de couverture en considérant que, s'il existe dc façon importante une couverture d'actifs détenus en portefeuille, les opérations de ventes de calls et surtout d'achats de puts peuvent également être considérées en pratique comme des opérations de couverture d'autres opérations réalisées sur le MONEP.

Exemple : un vendeur de calls, peut, s'il considère que sa position risque d'être délicate pour une certaine période, couvrir temporairement celle-ci par une stratégie (à base de calls ou de puts) plutôt que de les liquider, dans des conditions défavorables. Dans le cas contraire, un opérateur préfèrera parfois acheter temporairement des puts afin de couvrir une stratégie haussière.

Tableau 31.
Couverture « associée »

Exemple : LAFARGE

Cours : 118,5 FF au 17.01.90
Achat d'un put 110 mars à 4,00 FF

Le 26 février 90 – Cours : 94,95 FF
Valorisation du put 110 mars à 16,00 FF
→ gain de 16 – 4 = 12

Simultanément :
CAC 40 : cours : 1944 FF au 17.01.90
Achat d'un call 1985 mars à 70,00 FF

Le 26 février 90 – Cours : 1773 FF
Valorisation du call 1950 mars à 3,00 FF
→ perte de 63

Conclusion : l'anticipation haussière sur l'indice s'est révélée négative (8.7 % de baisse) mais a été néanmoins minorée par l'anticipation baissière sur Lafarge (19,8 % de baisse).

Le paradoxe consiste en effet dans la constatation que de par leurs caractéristiques propres (durée de vie limitée, effet de levier) les opérations sur les marchés à terme remplissent leur fonction de couverture de façon particulièrement satisfaisante lorsqu'elles couvrent d'autres opérations réalisées également sur des marchés à terme. Cette constatation justifie le fait que les stratégies simples de couverture (achat de puts et vente de calls) cèdent souvent le terrain à des opérations plus complexes, telles que les stellages et les strangles auxquels nous allons nous intéresser dans le chapitre suivant.

Chapitre 6

LES STELLAGES ET LES STRANGLES : une gestion dynamique du couple rendement/risque

par Jean-Luc Buchalet

La vente de stellages et de strangles remplit de façon adéquate la volonté accrue des gestionnaires de mieux contrôler le couple rendement/risque d'un investissement boursier. Ce chapitre développe l'usage des stellages et des strangles dans cette optique.

Après avoir précisé les concepts de « stellage » et de « strangle », nous décrirons les stratégies qui peuvent être élaborées par les investisseurs institutionnels ; enfin, nous indiquerons comment des stratégies peuvent être mises en place concrètement.

1. Mécanismes de fonctionnement

Une fois définies les notions de stellage et de strangle, nous illustrerons graphiquement ces concepts.

1.1. Définition

Le stellage ou le strangle consiste en la vente simultanée de call et de put. Le stellage est composé d'un call et d'un put ayant les mêmes caractéristiques (classe, prix d'exercice, échéance).

Le strangle se différencie du stellage par un prix d'exercice différent pour le call et le put, le prix d'exercice du put étant en général inférieur à celui du call. Les strangles, constitués d'un call ayant un prix d'exercice inférieur à celui du put, sont rarement utilisés.

De manière générale, les gérants de portefeuille se portent volontiers vendeurs de stellages ou de strangles sur le MONEP. Leur objectif par le biais de telles stratégies est d'améliorer de quelques points la rentabilité du portefeuille par l'encaissement immédiat et récurrent de primes tout en misant sur une relative stabilité, une hausse ou une baisse progressive et régulière des cours de bourse.

1.2. Les stellages

Un opérateur vend un stellage en cédant une option d'achat et une option de vente de même échéance et de même prix d'exercice. Si la variation de cours à la hausse ou à la baisse est inférieure à la valeur des primes encaissées, la stratégie est bénéficiaire, (hors frais de transaction et marge).

Graphique 20.
Représentation d'un stellage

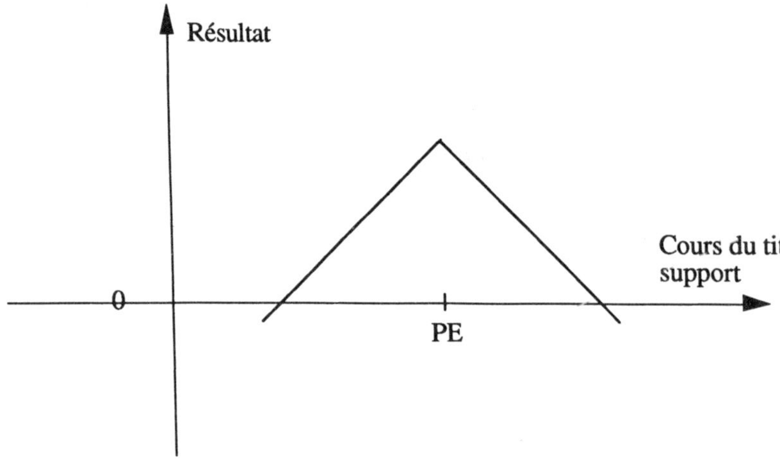

Ainsi le stellage est la combinaison d'une option d'achat et d'une option de vente comme le montrent les deux schémas ci-dessous.

Graphique 21.
La décomposition d'un stellage

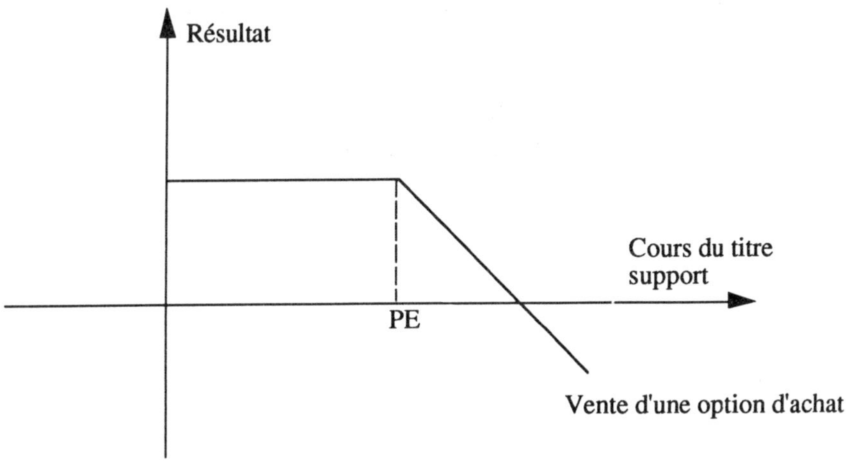

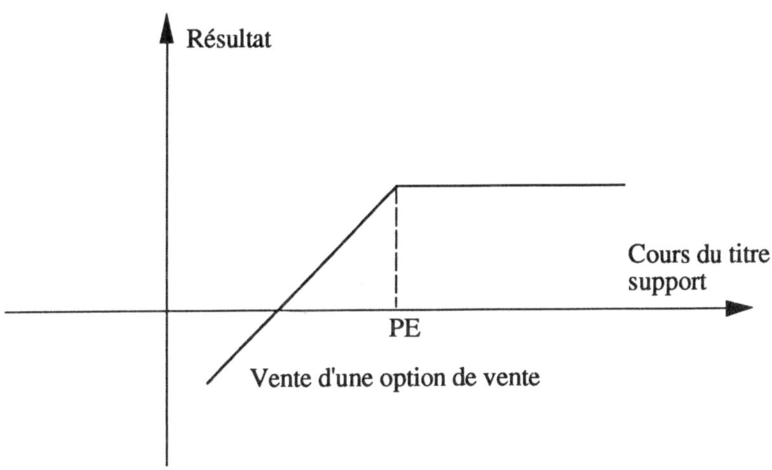

1.3. Les strangles

Les strangles sont construits à l'aide d'option d'achat et de vente de même échéance, mais de prix d'exercice différents.

Les strangles bâtis à partir d'options d'achat et de vente de même prix d'exercice, mais d'échéances différentes font intervenir des options de durée de vie différente. A l'échéance de la plus courte, on reste donc en position avec une seule option, si on ne liquide pas l'opération.

Le vendeur de strangles anticipe une stabilité du cours du titre. Le profil de résultat d'une telle stratégie est schématisée ci-dessous.

Graphique 22.
Vente d'un strangle à échéance

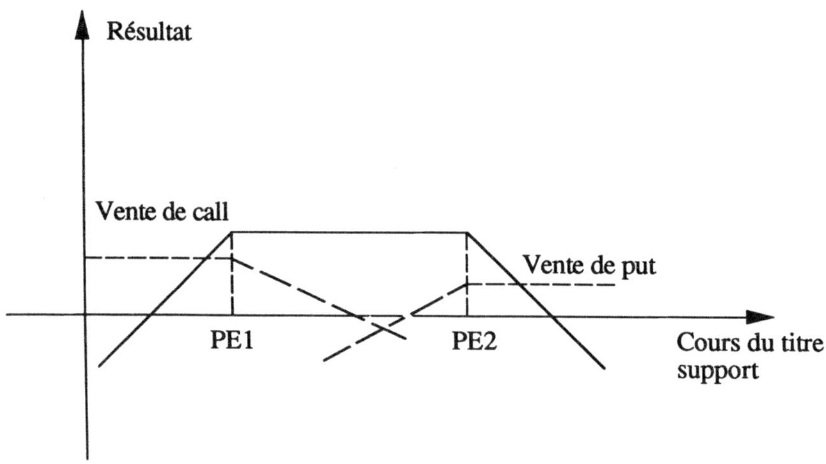

Le principe d'une stratégie de couverture consiste à prendre une position option inverse par rapport à la position action que l'on possède déjà ou que l'on prend simultanément. Le portefeuille actions options ainsi constitué possède une volatilité (c'est-à-dire une dispersion de ses résultats) plus faible que celle du portefeuille actions initial. Le haut de la branche du stellage ou du strangle, constitué d'une vente de call, correspond bien à cette définition.

La vente d'un stellage ou d'un strangle est toujours liée à un titre support. Cette vente peut être effectuée soit en même temps que l'acquisition des titres, soit sur un portefeuille déjà existant.

2. L'approche stratégique

Après être revenu en détail sur le principe qui sous-tend la mise en place d'un stellage ou d'un strangle, nous nous intéresserons à l'impact de ces techniques sur le rapport risque-rentabilité, tout en identifiant les contraintes réglementaires qui s'appliquent dans ce cas de figure.

2.1. Le principe

Comme il a été indiqué précédemment, les différentes stratégies sur les options sont de trois ordres : les stratégies spéculatives, les stratégies de couverture et les stratégies d'arbitrage.

Cependant, la vente de stellages ou strangles ne peut être classée séparément dans aucune de ces trois stratégies. Pour certains, elle englobe à la fois les stratégies :

– spéculatives dans la mesure où il y a un risque de perte important si le titre support vient à baisser de façon brutale en-dehors du prix d'exercice du put ;

– mais aussi de couverture puisque le haut de la branche du stellage ou du strangle est constitué par un call qui diminue le prix de revient de l'action support et constitue un léger parachute à la baisse.

Cette trilogie, entre spéculation, arbitrage et couverture, est un peu artificielle et ne recoupe pas de manière fine et réaliste la pratique quotidienne des différentes stratégies sur les options.

En effet, une stratégie est souvent considérée comme spéculative lorsque la position mise en place n'est profitable que si l'opérateur a anticipé avec succès l'évolution à court terme (quelques mois) du cours de l'action sous-jacente.

La stratégie spéculative la plus simple est l'achat d'un call. Cette stratégie repose sur une anticipation de croissance du cours du titre support pendant la durée de vie courte de l'option. On voit apparaître dans ces stratégies spéculatives que l'investisseur a le temps contre lui.

A tort, la vente de put est parfois considérée comme spéculative puisque le risque de perte est théoriquement élevé, mais, dans ce cas, l'investisseur a le temps pour lui. En cas de baisse du sous-jacent, il est assigné et se retrouve avec le titre en portefeuille.

2.2. *Le rapport risque/rentabilité*

Le résultat d'une telle stratégie (vente de stellage ou strangle) est en moyenne meilleur que la pure détention de l'action. Dans le cas où le cours de l'action reste relativement stable, baisse ou augmente légèrement, l'encaissement régulier de premiums sur longue période améliore de façon substantielle la rentabilité du portefeuille.

Toutefois, l'investisseur limite son profit et ne pourra plus bénéficier d'une hausse importante de l'action sur la partie couverte de ses titres.

De même, si le cours de l'action chute fortement, l'investisseur se retrouve acheteur du titre. La perte peut être potentiellement importante. (En effet, si le cours du titre support est très inférieur au prix d'exercice de l'option de vente, le vendeur se retrouvera assigné sur un put, c'est-à-dire acheteur du titre au prix d'exercice).

La gestion active d'un portefeuille s'accompagne de risques et implique des choix au niveau de la couverture des titres par les options. Ces choix sont indissociables du risque. Le risque d'une stratégie, c'est la probabilité de ne pas réaliser la rentabilité espérée.

Le gestionnaire peut réduire ou amplifier ce risque par une composition du portefeuille plus moins défensive ou agressive : mais en réduisant les risques de perte, il diminue les possibilités de gains, et en augmentant celles-ci, il accroît sensiblement ceux-là.

Les professionnels doivent donc garder à l'esprit que la recherche de performances a pour contrepartie la montée des risques en cas d'accident de marché.

Si les stratégies de vente de stellage ou strangle permettent de moduler plus ou moins le niveau de risque d'un portefeuille, elles ne modifient en rien ce théorème fondamental.

Le niveau de risque est associé à une rentabilité espérée. La réalisation de ce couple risque/rentabilité peut être probabilisée, ce qui veut dire que lorsque l'investisseur engage une stratégie, il connaît (au moins intuitivement) le niveau de probabilité qu'elle a de se réaliser positivement.

L'investisseur qui conçoit une stratégie d'options doit donc intervenir de manière systématique et récurrente.

Sur une longue période, la vente régulière d'options, donc de valeur temps et de volatilité, s'avère payante.

Sur une période limitée dans le temps ou discontinue, cette stratégie peut se révéler coûteuse. La répétition d'une stratégie qui, par moment s'avère erronée, devient rentable sur la durée (c'est la loi des grands nombres). Ceci explique souvent la réticence des investisseurs à engager de telles stratégies car ils se réfèrent à quelques « coups malheureux » qui, dans leur esprit, ont une valeur statistique.

2.3. Les contraintes réglementaires

Un fonds ou une SICAV ne peuvent réglementairement détenir plus de 10 % de leur actif en options (c'est-à-dire que la somme des premiums des options ne doit pas dépasser 10 % de l'actif total du fonds).

Chaque jour l'organisme dépositaire du fonds doit s'assurer qu'il a une couverture auprès de la Société de Compensation des Marchés Conditionnels (SCMC) organisme centralisateur du MONEP.

La couverture est mise à jour tous les jours et constitue une garantie auprès du client. Théoriquement, la couverture bloquée auprès de la SCMC correspond à la somme qu'il faudrait débourser pour clôturer la position option majorée ou minorée de 20 % par rapport au dernier cours coté du titre support. Cette couverture garantit la solvabilité du client.

3. Gestion pratique

Dans la fixation de sa stratégie de gestion, le gérant est confronté au couple temps/ performance. La concurrence sur les produits d'épargne ayant tendance à s'accroître, le particulier étant lui-même plus exigeant et parfois mieux informé, le gérant est poussé à la performance absolue et ceci dans un laps de temps toujours plus court. Le gestionnaire ne doit plus seulement avoir raison à long terme (3 ans à 2 ans) mais aussi à court terme (le trimestre ou le mois). La réalité d'un conseil d'administration qui se réunit tous les trimestres et un classement hebdomadaire des fonds conditionnent de manière réelle la stratégie du gérant. Ce phénomène est encore plus vrai dans le cadre des options qui sont des produits souvent volatils, mais surtout dont la durée de vie est particulièrement éphémère. La rationalité des stratégies d'options, souvent plus techniques, diffère donc de celle de la gestion classique des titres.

Dans la présentation de ces stratégies qui va suivre, nous tiendrons compte de cette réalité où la pratique s'éloigne parfois un peu de la théorie.

3.1. Taux de rentabilité et taux de couverture

Pour engager une position de vente de stellages et de strangles, il est nécessaire d'étudier le taux de rentabilité et le taux de couverture de la stratégie.

$$\text{Taux de rentabilité} = \frac{\text{crédit encaissé}}{\text{cours du titre support}} = \frac{\text{somme de premiums du put et du call}}{\text{cours du titre support}}$$

$$\text{Taux de couverture} = \frac{\text{points morts}}{\text{cours du titre support}} = \frac{\text{cours de l'action} - \text{premiums}}{\text{cours du titre support}}$$

Prenons l'exemple de la vente du stellage Thomson juin 140, le 30 mars 1990 les conditions de marché étaient les suivantes :

Cours	Call	Put	Prix du stellage
138,5	11,30	9,00	20,30

Calcul du taux de rentabilité (tx Rent.)

$$\text{Tx Rent} = \frac{11{,}30 + 9{,}00}{138{,}5} = 14{,}65\ \%$$

La rentabilité escomptée sur 3 mois est de 14,65 % à comparer à un placement monétaire sans risque (de 2,6 % sur 3 mois). Le différentiel de rentabilité est ici très élevé (14,65 % - 2,6 % = 12,05 %).

Calcul du taux de couverture (tx couv.)

$$\text{Tx couv.} = \frac{138,50 - 20,30}{138,50} = \frac{118,20}{138,50} = 0,85$$

Les taux de couverture et de rentabilité sont relativement élevés dans cet exemple. Ils traduisent d'une part une volatilité importante du titre support pour lequel les opinions étaient à l'époque particulièrement divergentes.

Des taux de couverture et de rentabilité faibles reflètent le plus souvent une convergence des opinions sur le titre et une volatilité faible.

Selon les conditions de marché indiquées ci-dessous, nous illustrons nos propos par l'exemple suivant :

Classe : Thomson

Vente de stellage : 140 juin

Date	Cours	Call	Put	Prix du stellage
30.03.90	138.50	11.30	9.00	20.30
02.05.90	142.10	11.50	5.00	16.50
01.06.90	127.60	0.80	13.50	14.30
27.06.90	119.60	0.20	18.00	18.20

Profit maximal : 20.3
Bornes : 119.7, 160.3

Vente de strangle : Call 160 juin – Put 110 juin

Date	Cours	Call	Put	Prix du strangle
30.03.90	138.50	4.25	1.50	5.75
02.05.90	142.10	3.60	0.80	4.40
01.06.90	127.60	0.15	0.80	0.95
27.06.90	119.60	0.20	0.50	0.70

Profit maximal : 5.75 entre 160 et 110
Bornes : 104.25, 165.75

Calcul du taux de rentabilité (tx rent)
– Stellage tx rent = 14,7 %
– Strangle tx rent = 4,1 %

Calcul du taux de couverture (tx couv)
– Stellage tx couv = ± 15 %
– Strangle tx couv = (– 25 % + 19 %)

On constate que le taux de rentabilité du stellage est très supérieur à celui du strangle ce qui a pour contrepartie un taux de couverture plus faible dans le cas du stellage.

Sur la période de vie du stellage et du strangle le cours du titre Thomson a baissé de près de 14 %. A l'échéance, le vendeur du stellage a réalisé un gain quasiment nul et se retrouve détenteur du titre (c'est-à-dire assigné si la position sur le put n'a pas été soldée avant l'échéance).

Par contre, le vendeur du strangle encaisse la quasi totalité de la prime sans modification du nombre de titres qu'il a en portefeuille.

Ainsi, malgré un taux de rentabilité trois fois supérieur pour le stellage par rapport au strangle, le strangle a été la stratégie gagnante.

3.2. Choix de l'échéance

Le choix de l'échéance est fondamental.

Plus la date d'échéance est éloignée, plus la durée de vie de l'option est élevée et donc plus grande est la probabilité que le cours de l'action évolue favorablement d'ici à l'échéance. De ce point de vue, l'écoulement du temps exerce une influence négative sur les premiums des options de vente ou d'achat, ce qui justifie leur appellation d'« actifs fondants ». La vente de stellage ou de strangle est donc une stratégie thêta positive, le thêta indiquant la sensibilité du premium à l'écoulement du temps. Rappelons que :
– Thêta = 0 signifie que la position n'est pas sensible à l'écoulement du temps
– Thêta > 0 signifie que l'écoulement du temps altère la position si le cours du titre support reste stable
– Thêta < 0 signifie que l'on gagne de l'argent même si le cours du titre support reste stable, ce qui est le cas d'une position vendeuse de stellages ou strangles.

Le vendeur de stellage ou strangle a le temps pour lui. La valeur temps décroît rapidement lorsque l'option arrive à échéance et le premium ne vaut plus alors que sa valeur intrinsèque.

Pratiquement, la décroissance de la valeur temps est très forte sur le dernier tiers de la durée de vie de l'option. Aussi, de manière générale, l'échéance choisie devra être suffisamment proche pour encaisser rapidement cette décrue de la valeur temps. Par exemple, sur un an, il est plus intéressant de répéter chaque trimestre la vente de stellages ou de strangles plutôt que chaque semestre, la somme des valeurs temps encaissée étant supérieure dans le premier cas, plutôt que dans le second. L'achat d'une option à deux mois par exemple est 50 % moins cher que l'achat de deux options à un mois comme le montre le graphique ci-dessous. En répétant le plus souvent l'opération de vente, on voit que l'on cumule ainsi beaucoup plus de valeur temps.

Graphique 23.
Comparaison de prix d'un call
Call 1 mois / call 2 mois (15 % vol)

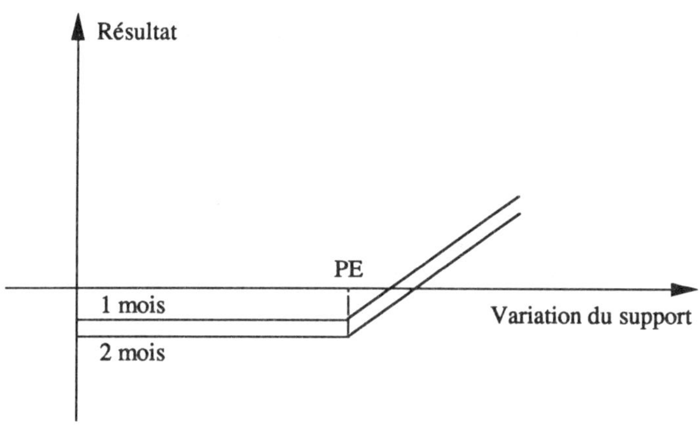

De plus en vendant l'échéance la plus proche l'investisseur aura toujours la possibilité de rouler sur l'échéance suivante si son pari s'avère faux. Cependant, cette règle a ses limites. Psychologiquement il est plus facile de gérer une position lorsque l'échéance est suffisamment éloignée. D'autre part, une erreur engagée sur une position à court terme sera souvent considérée comme spéculative, alors que la même faute, sur une échéance plus éloignée, sera considérée comme une erreur de gestion classique.

3.3. Choix des séries

La fixation du prix d'exercice dépend de l'anticipation que l'investisseur a de l'évolution du titre support. Lorsque l'investisseur a une anticipation fortement haussière ou baissière sur le titre, la stratégie de vente de stellage ou strangle doit être évitée.

Le pourcentage de titres couverts par un stellage ou un strangle sera d'autant plus élevé que notre anticipation sur le titre sera stable.

La vente d'un stellage, plutôt que celle d'un strangle, se fait en général lorsque nous anticipons une stabilité importante des cours du titre support. L'écart de prix d'exercice d'un strangle sera d'autant plus large que nous misons sur une évolution importante à la hausse ou à la baisse du titre support.

La vente d'un strangle est plus conservatrice que celle du stellage. Le revenu encaissé est plus faible mais la plage de risque d'erreur d'anticipation l'est aussi.

Pour le stellage ou le strangle la vente d'un put au cours ou légèrement en dedans est principalement utilisée lorsque l'investisseur souhaite acquérir une action à un prix inférieur à son prix de marché.

Dans le choix du prix d'exercice du put et du call, l'investisseur doit prendre en compte le niveau du dividende et la date de détachement du coupon de manière à éviter l'exercice anticipé de ses options. En effet, le paiement d'un coupon n'entraîne pas d'ajustement des conditions du contrat.

Schématiquement, on peut considérer qu'une vente de stellage indique une plage de couverture importante, une plage de risque d'assignation forte et un revenu élevé. De même, une vente de strangle signifie une plage de couverture limitée, une plage de risque d'assignation faible et un revenu faible.

Ainsi, dans le choix de la série, l'investisseur devra confronter les différents paramètres : revenu, plage d'assignation et risque en calculant :

– le taux de rentabilité, en cas de stabilité du cours de l'action ;

– le pourcentage de la plage d'assignation à la baisse ou à la hausse par rapport au cours de l'action.

3.4. Gestion de la position

A l'ouverture de la position, l'investisseur opère une rapide synthèse sur le titre support. En fonction de son anticipation qu'il a du titre support, il examine la quantité de titres :

– qu'il est prêt à couvrir (c'est-à-dire de voir sortir de son portefeuille en cas de forte hausse)

– qu'il est prêt à accueillir en cas de forte baisse.

L'investisseur fixe les bornes du prix d'exercice du call ou du put, le prix d'exercice étant le même dans le cas du stellage. La vente du call et du put peut être exécutée simultanément ou séparément dans le temps. Ainsi, l'investisseur peut choisir de réaliser la vente du call au moment ou le titre est orienté à la hausse et de vendre le put après une brève réaction à la baisse du titre support. La réalisation simultanée de la vente du call et du put peut être justifiée par un meilleur prix, une liquidité et un équilibre immédiat de la position. La bonne exécution de l'ordre au prix voulu est l'un des éléments essentiels de la stratégie.

Pendant la durée de vie de l'option, le gestionnaire est souvent amené à aménager sa position :

– si le cours de l'action monte,

– si le cours de l'action baisse,

– peu avant l'échéance de l'option.

Le réaménagement de la position ne doit être cependant effectué que si la probabilité de poursuite du mouvement enregistré par l'action est forte, ceci de façon à éviter tout aménagement intempestif et toute modification de la position à chaque mouvement erratique du titre. Ce qui importe, c'est le trend à moyen terme de l'action. Seule une révision à la hausse ou à la baisse des estimations de résultat d'un titre ou le changement sensible de l'environnement financier entraînera une modification de la stratégie envisagée.

Si le cours de l'action monte, l'investisseur à le choix entre trois attitudes :

– Il peut racheter le stellage vendu et revendre un stellage dont le prix d'exercice est plus élevé. Dans ce cas, le nouveau prix de sortie est augmenté de la différence entre le premium racheté et le premium vendu et la différence des prix d'exercice. Cette opération nécessite le plus souvent un décaissement.

– Il peut également attendre et se faire assigner s'il préfère céder ses titres dans le cadre d'une gestion prudente. Il s'agit dans ce cas d'un manque à gagner.

– Il peut racheter le stellage vendu et revendre un strangle en élargissant la fourchette de prix d'exercice.

Si le cours de l'action baisse, l'investisseur peut racheter le stellage vendu et revendre un stellage dont le prix d'exercice est plus bas. Cette stratégie diminue le prix d'exercice auquel on serait assigné en cas de baisse supplémentaire du titre. Elle procure un revenu additionnel si le cours de l'action se stabilise. Le profit maximum est cependant plus faible que celui de la position initiale.

Il peut arriver (en cas de baisse rapide et sensible du cours de l'action) que le stellage vendu n'ait pas un premium suffisant pour permettre à l'investisseur de réaliser un profit en cas d'assignation ; celui-ci est alors piégé à la baisse.

Si les données fondamentales sur le titre sont toujours favorables, cette évolution a cependant le mérite de renforcer la position sur le titre à un moment où l'investisseur resterait plutôt à l'écart.

Peu avant l'échéance du stellage ou du strangle, l'investisseur peut racheter le stellage vendu s'il ne souhaite pas se faire assigner, et vendre le stellage de même prix d'exercice pour l'échéance suivante.

Il faut intervenir lorsque la valeur temps est proche de zéro ou lorsque le taux de rentabilité fourni par le stellage est inférieur à celui fourni par le stellage d'échéance suivante.

Cette action, si elle est répétée de manière régulière, diminue le prix de revient du titre et augmente le profit. Dans le cas du strangle, l'investisseur peut choisir de laisser mourir sa position jusqu'à l'échéance finale de façon à encaisser la totalité de la valeur temps. La règle de prudence nous conduit souvent à racheter le strangle avant l'échéance finale, le manque à gagner dans ce cas ne justifiant pas le maintien de la position.

3.5. Précautions pratiques

Les remarques suivantes peuvent être énoncées :

– L'investisseur recherche généralement une couverture d'environ 8 % et un prix d'entrée et de sortie au moins supérieur à 10 %.

– Le strangle est moins risqué que le stellage (problème de l'assignation).

– L'investisseur ne désirant pas céder ses titres cherchera principalement à vendre un call très en dehors.

– L'investisseur doit accepter d'augmenter sa position en titres en cas de baisse de l'action.

– Le réajustement d'une position ne doit se faire que si les anticipations sur le titre ont été fortement revues à la hausse ou à la baisse.

Les exemples suivants permettent de suivre l'évolution de stellages ou de strangles pour un certain nombre de classes d'options. Le profit maximal est celui enregistré le jour de la vente de la stratégie (le 30.03.90). Les bornes sont les limites au delà desquelles la stratégie est perdante.

Classe : Perrier

Vente de stellage : 1700 juin

Date	**Cours**	**Call**	**Put**	**Prix du stellage**
30.03.90	1555.00	42.00	165.00	207.00
02.05.90	1728.00	112.00	75.00	187.00
01.06.90	1686.00	40.00	40.00	80.00
27.06.90	1569.00	0.50	130.00	130.50

Profit maximal : 207
Bornes : 1493, 1907

Vente de strangle : Call 1800 juin – Put 1500 juin

Date	**Cours**	**Call**	**Put**	**Prix du strangle**
30.03.90	1555.00	20.00	40.00	60.00
02.05.90	1728.00	65.00	15.00	80.00
01.06.90	1686.00	14.00	4.00	18.00
27.06.90	1569.00	0.50	1.00	1.50

Profit maximal : 60 entre 1800 et 1500
Bornes : 1440.00, 1986.00

Classe : Compagnie du Midi

Vente de stellage : 1300

Date	Cours	Call	Put	Prix du stellage
30.03.90	1250	47	97.5	144.5
02.05.90	1340	67.5	40	107.5
01.06.90	1374	100	8	108
27.06.90	1278	3	30	33

Profit maximal : 144.5

Bornes : 1155.5, 1444.5

Vente de strangle : Call 1400 – Put 1100

Date	Cours	Call	Put	Prix du strangle
30.03.90	1250	51.25	12	63.25
02.05.90	1340	45	4	49
01.06.90	1374	30	1	31
27.06.90	1278	0.50	0.5	1

Profit maximal : 63.25 entre 1400 et 1100

Bornes : 1440.00, 1986.00

Classe : Peugeot

Vente de stellage : 850 juin

Date	Cours	Call	Put	Prix du stellage
02.01.90	817.00	56.00	55.00	111.00
30.03.90	846.00	56.50	42.00	98.50
02.05.90	887.00	66.00	17.00	83.00
01.06.90	820.00	12.00	34.00	46.00
27.06.90	831.00	1.10	18.00	19.10

Profit maximal : 111
Bornes : 739, 961

Vente de strangle : Call 850 juin – Put 775 juin

Date	Cours	Call	Put	Prix du strangle
02.01.90	817.00	56.00	27.00	83.00
30.03.90	846.00	56.50	15.50	72.00
02.05.90	887.00	66.00	3.00	69.00
01.06.90	820.00	12.00	3.00	15.00
27.06.90	831.00	1.10	0.20	1.30

Profit maximal : 83 entre 850 et 775
Bornes : 692.00, 933.00

Classe : Thomson

Vente de stellage : 140 juin

Date	Cours	Call	Put	Prix du stellage
30.03.90	138.50	11.30	9.00	20.30
02.05.90	142.10	11.50	5.00	16.50
01.06.90	127.60	0.80	13.50	14.30
27.06.90	119.60	0.20	18.00	18.20

Profit maximal : 20.3
Bornes : 119.7, 160.3

Vente de strangle : Call 160 juin – Put 110 juin

Date	Cours	Call	Put	Prix du strangle
30.03.90	138.50	4.25	1.50	5.75
02.05.90	142.10	3.60	0.80	4.40
01.06.90	127.60	0.15	0.80	0.95
27.06.90	119.60	0.20	0.50	0.70

Profit maximal : 5.75 entre 160 et 110
Bornes : 104.25, 165.75

TROISIÈME PARTIE

LA SPÉCULATION COUVERTE

Parmi les nombreuses possibilités qu'offrent les marchés d'options aux gérants de portefeuille, et après avoir vu en détail les opérations de couverture, nous allons approfondir les prises de positions plus agressives dans lesquelles, cependant, la notion de couverture joue encore un rôle important. Les écarts et les ratios seront ainsi étudiés à travers les chapitres 7 et 8. Ensuite, un chapitre sur l'activité de trading, telle que peuvent la pratiquer les investisseurs institutionnels, nous permettra de mettre en évidence le rôle fondamental du contrôle du risque.

Chapitre 7

LES ÉCARTS : UNE CONSTRUCTION HYBRIDE

par Lucile Loques

Parmi les stratégies qui comportent un contrôle du risque figure la stratégie d'écarts. Ecarts haussiers lorsqu'on anticipe une hausse, écarts baissiers dans le cas contraire. La démarche stratégique et technique étant la même (mais avec symétrie), nous n'aborderons dans ce chapitre que l'écart haussier.

Il nous faut d'abord situer l'environnement qui incite le gestionnaire à mettre en place une stratégie d'écart haussier : il s'agit d'un titre qui nous semble devoir évoluer à la hausse. Dans ce cas, plusieurs possibilités s'offrent au gestionnaire :

- l'achat du titre,
- l'achat de calls,
- la vente de puts,
- l'écart haussier.

L'achat de titres est une stratégie de long terme comparativement à l'écart haussier qui est délimité dans le temps (deux mois, trois mois, six mois). La détention du titre n'est cependant pas incompatible avec cette stratégie d'option.

On peut mettre en place une stratégie d'écarts afin de dynamiser une position actions : dans ces conditions et dans l'hypothèse d'une hausse, le gain peut être double, à la fois sur le support titre et sur l'écart haussier. Mais dans ce cas l'achat de call fournirait l'effet de levier maximum.

Rappelons que l'achat de calls est une stratégie très haussière : il faut croire en une forte évolution du titre dans un laps de temps court. Si la hausse intervient réellement mais plus tardivement que prévu, le gestionnaire perd la valeur de son call par disparition de la valeur temps. Le risque correspond donc à la valeur totale de la prime.

La vente de puts, analysée dans un précédent chapitre, permet d'encaisser des primes. Le profit éventuel est connu à l'avance et limité au montant de la prime (par rapport à toutes les autres stratégies). Quant au risque, il est illimité dans le cas d'une erreur d'anticipation.

L'écart haussier comble en partie les lacunes des précédentes stratégies :

Par rapport à l'achat de titres, l'avantage de l'écart haussier est de mobiliser moins de liquidités sur une période courte.

Comparativement à l'achat de calls, l'écart haussier limite à la fois l'investissement initial (l'achat d'un call est partiellement financé par la vente d'un call à un prix d'exercice supérieur) et par conséquent le risque final puisque l'investissement est moins élevé.

De plus, l'écart haussier est une stratégie modulable : non seulement le niveau d'agressivité est une variable (l'agressivité étant extrême si le call vendu est très éloigné du call acheté), mais, si l'anticipation s'avère fausse, il est toujours possible d'aménager la position afin de limiter le risque, et donc la perte finale.

La contrepartie de ces différents avantages est immédiate : qui dit atténuation du risque dit profit potentiel réduit.

Le gain est théoriquement illimité dans le cas d'un achat de calls ; il est borné par l'évolution du call vendu dans le cas de l'écart. En revanche, contrairement à la vente de puts, l'écart haussier ne présente pas de risques illimités.

En conclusion, l'écart haussier est une stratégie alternative dans laquelle l'opérateur cherche à la fois un gain sans encourir un risque important en limitant l'investissement initial.

Prenons l'exemple d'une anticipation sur le titre Société générale. Le gestionnaire ne possède pas de titres. Il pressent, dans l'évolution récente de l'action, un potentiel de hausse. Mais demeurent des incertitudes quant à l'évolution du marché, l'éventualité et l'ampleur d'une hausse du titre. Il tient cependant à profiter de tout gain éventuel. L'écart haussier est tout à fait indiqué dans ce cas : la stratégie est haussière donc correspond à son anticipation ; il investit peu, ce qui répond à ses incertitudes ; il dispose d'une stratégie qui, en cas de baisse, permet de limiter le risque de perte puisqu'elle est évolutive.

Une telle stratégie s'impose dans des périodes clés : le cas le plus typique est celui d'une hausse du marché imprévue. Prenons l'exemple du marché français en fin d'année 1989. Après le mini-krach d'octobre, peu de gestionnaires pariaient sur l'imminence d'une hausse : la prime de risque était élevée, l'évolution des situations économiques, politiques, et par conséquent celle des taux d'intérêt en Allemagne Fédérale ne prêtaient pas à l'optimisme. D'aucuns prévoyaient une poursuite de la baisse ou, au mieux, la morosité. Le mois de décembre, par l'ampleur de la hausse, fut une surprise. C'était le moment idéal de mettre en place un écart haussier qui permettait de pallier l'insuffisance de titres détenus par les gestionnaires et de participer cependant à ce mouvement impromptu.

Après avoir passé en revue les différents types d'écarts qui s'offrent aux gestionnaires, nous approfondirons l'écart haussier dans ses caractéristiques propres, puis dans sa gestion.

1. Les écarts

Aux opérations de base (achat de calls, vente de puts, vente de calls et achats de puts) s'ajoutent des stratégies plus complexes de composition de portefeuille d'options. Il est tout à fait possible de constituer des portefeuilles d'options de même nature (calls ou puts), mais différentes par leur date d'échéance et/ou leur prix d'exercice. Ces stratégies sont appelées des écarts.

Ces écarts portent sur le même support titre, et sont constitués de l'achat et de la vente simultanés de calls ou de puts.

Parmi les écarts à base de calls, figure une grande variété de stratégies. Avant de détailler d'une manière plus approfondie les écarts haussiers à base de calls, nous ferons une présentation de quelques autres stratégies : en l'occurrence il s'agira des écarts horizontaux, des écarts diagonaux et des écarts verticaux.

1.1. Les stratégies d'écarts à base de calls

Ces stratégies se caractérisent par l'achat d'un call et la vente simultanée d'un autre call portant sur le même titre. On distingue :

– les écarts horizontaux : achat et vente simultanés de calls de même prix d'exercice et d'échéances différentes,

– les écarts diagonaux : achat et vente simultanés de calls de prix d'exercice et d'échéance différentes,

– les écarts verticaux : achat et vente simultanés de calls de même échéance et de prix d'exercice différents.

Mis à part ces différences techniques, ces trois catégories d'écarts se distinguent par leur fréquence d'utilisation : seul l'écart vertical est régulièrement usité par les gestionnaires, les deux autres catégories étant plutôt du domaine des arbitragistes. Cela tient à la plus grande facilité de mise en place de l'écart vertical, à son coût moindre, ainsi qu'à son caractère plus malléable dans le temps.

1.1.1. Les écarts horizontaux ou écarts calendaires

Quel est le contexte qui prévaut à la mise en place d'un tel écart ?

Cela dépend totalement de l'investisseur qui met en place cette position, gestionnaire ou arbitragiste. Dans le cas du gestionnaire, l'idée sous-jacente est de prendre une position haussière sur un titre à moyen terme en essayant de limiter le plus possible le coût de l'opération.

Les écarts horizontaux, appelés également écarts calendaires, sont fondés sur l'achat et la vente de calls dont les dates d'échéance diffèrent.

Il existe deux sortes d'écarts horizontaux : l'un débiteur, l'autre créditeur. L'écart horizontal débiteur est caractérisé par l'achat de l'échéance la plus lointaine (la plus chère) et la vente de l'échéance la plus proche. L'écart horizontal créditeur est l'opération contraire.

Prenons l'exemple d'un écart horizontal débiteur sur le titre Elf Aquitaine. Le cours de l'action est de 665 francs au moment de la mise en place de la stratégie. L'opération sera la suivante : achat d'un call 680 à échéance septembre à 28 francs, vente d'un call 680 à échéance juin à 21 francs. Le débit initial est de 7 francs. Le résultat de cette position est synthétisé dans le tableau 32.

L'idée intrinsèque qui résulte de cette stratégie est que l'achat du call sur septembre sera partiellement financé par la vente du call sur juin. Notons que tous les calculs sont effectués à volatilité implicite constante.

Tableau 32.
Ecart horizontal, débiteur sur Aquitaine

Rentabilité de l'écart calendaire à fin juin					
Cours d'Elf Aquitaine	625	650	630	730	780
Call juin 680	0	0	0	(50)	(100)
Call septembre 680	12,50	22	38	74	120
Valeur résiduelle de l'écart	12,50	22	38	24	20
Coût initial de l'écart	(7)	(7)	(7)	(7)	(7)
Profit fin juin	5,5	15	31	17	13

Graphique 24.
Courbe de profit à échéance juin

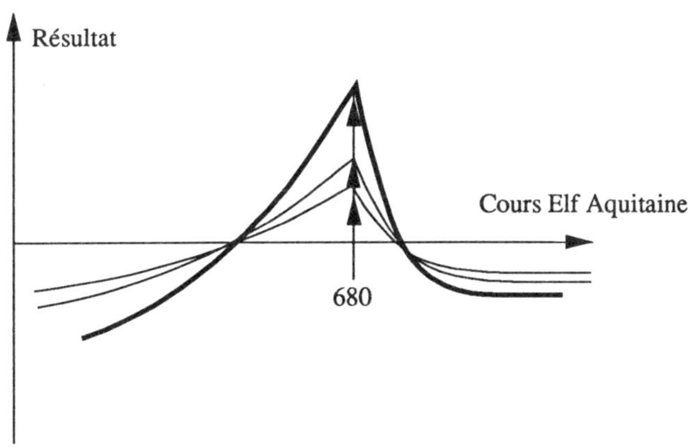

La stratégie est optimale si à l'issue de l'échéance juin les deux options sont à parité. Dans ce cas, le call juin vendu sera sans valeur puisque dans une option à parité il n'y a pas de valeur intrinsèque et que, par définition, la valeur temps à échéance est égale à 0.

L'investisseur se retrouvera au début juillet en position simple d'achat de calls septembre sur Aquitaine, une stratégie qui correspond à ses anticipations initiales.

L'écart calendaire détermine deux points morts, un à la hausse, un à la baisse à l'issue de la première échéance.

Dans l'hypothèse d'une hausse du prix de l'action au delà du prix d'exercice, le point mort sera obtenu pour un cours de l'action qui égalise le gain sur le call acheté à la perte subie sur le call vendu (à volatilité constante). Symétriquement, le point mort à la baisse sera obtenu pour un cours de l'action qui égalise le gain sur le call vendu à la perte sur le call acheté. Cette stratégie est donc relativement délicate à manier pour un gestionnaire puisqu'elle suppose, dès sa mise en place, des hypothèses sur le niveau de volatilité à l'issue de la première échéance ; des hypothèses qui contribueront à déterminer le niveau précis des points morts.

La démarche stratégique d'un arbitragiste est très différente. Son but est de profiter, à un instant donné, d'un écart de volatilité entre les deux calls dans le cas où la volatilité du call vendu est supérieure à celle du call acheté. Avec le temps l'écart se résorbe, ce qui lui permet d'encaisser un profit sur l'opération.

1.1.2. Les écarts diagonaux

Les écarts diagonaux sont encore plus rares que les écarts horizontaux. Il s'agit d'un produit hybride puisqu'il consiste en la juxtaposition d'un écart calendaire et d'un écart vertical (que nous étudierons plus tard) : soit en un achat d'un call à un prix d'exercice et sur une échéance déterminée et en une vente simultanée d'un call de prix d'exercice et d'échéance différents.

L'écart calendaire, comme nous venons de le voir, implique un pari sur les niveaux de volatilité. Le profit de l'écart vertical, quant à lui, est largement conditionné par le niveau de l'action à échéance. Deux hypothèses fortes qui rendent cette stratégie peu utilisable par un gérant de portefeuille.

1.1.3. Les écarts verticaux

Les écarts verticaux, stratégie la plus utilisée, sont la résultante de l'achat et de la vente de calls d'échéance identique mais de prix d'exercice différents. C'est dans cette catégorie que nous trouvons les écarts haussiers que nous analyserons à partir du paragraphe suivant. Symétriquement, il est possible de mettre en place des écarts baissiers. Prenons un exemple sur Elf Aquitaine pour illustrer cette stratégie d'écart baissier. Elle consiste à acheter un call juin 640 à 40 francs et à vendre un call juin 600 à 68 francs.

A l'origine, l'opérateur débourse 40 francs (correspondant au call 640 acheté) et encaisse 68 francs sur la vente du call 600. Cette opération lui apporte donc un crédit de 28 francs. Le but est le suivant : protéger une position action d'une possible baisse du cours du titre, l'hypothèse adjacente étant que le cours de Elf Aquitaine est susceptible de glisser en deçà de 628 francs à l'échéance. En dessous de 628 francs, le gain enregistré sur l'écart baissier permettra de compenser, en tout ou partie selon l'ampleur de la baisse, la chute de cours subie par le titre.

Le tableau 33 donne le profit de la stratégie à l'échéance juin.

Tableau 33.
Ecart baissier sur Elf Aquitaine

Cours de Elf	500	600	628	640	700	800
Valeur du call 640	0	0	0	0	60	160
Valeur du call 600	0	0	(28)	(40)	(100)	(200)
Valeur de l'écart	0	0	(28)	(40)	(40)	(40)
Crédit initial	28	28	28	28	28	28
Profit	28	28	0	(12)	(12)	(12)

Le mode de calcul des principales caractéristiques de l'écart baissier à base de calls est le suivant :

– Point mort = prix d'exercice du call vendu + crédit initial,

– Profit potentiel maximal = crédit initial,

– Perte potentielle maximale = prix d'exercice du call acheté - prix d'exercice du call vendu - crédit initial.

A l'échéance, le point mort se situe à 628 francs, niveau à partir duquel une baisse du cours de l'action est compensée par un gain maximum potentiel de 28 francs sur l'écart baissier.

Le choix de l'écart baissier dépendra :

– du niveau d'anticipation du cours de l'action à l'échéance,

– du niveau du point mort par rapport au cours de l'action au moment de la mise en place de la stratégie,

– de l'équilibre harmonieux entre profit potentiel maximal et du niveau de risque acceptable.

Graphique 25.
Courbe de profit à échéance juin

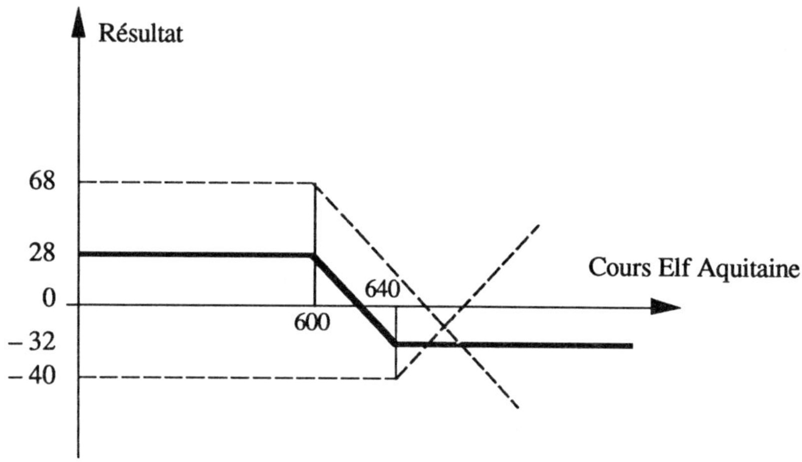

1.2. L'écart haussier à base de calls

Dans la gamme des écarts possibles, l'écart haussier est une des stratégies les plus utilisées. Simple à mettre en place, elle correspond à une anticipation modérément haussière sur le titre.

L'écart haussier est une stratégie qui consiste en l'achat et la vente (du même nombre) de calls de même échéance à prix d'exercice différents, le call vendu ayant un prix d'exercice supérieur.

2. Stratégie de l'écart haussier

Une fois la décision prise de mettre en place un écart haussier, certains éléments techniques sont à considérer afin d'assurer le succès de l'opération. Quel est le coût que l'investisseur accepte de supporter ? Quel est l'objectif de cours attendu sur le titre support à l'échéance choisie ?

Ces deux questions principales seront à la base de la détermination des caractéristiques de l'écart.

2.1. Les caractéristiques d'un écart haussier

Elles sont de trois ordres : il s'agit du coût de l'investissement, de la détermination du point mort, ainsi que du calcul du profit maximum.

2.1.1. Le coût de l'investissement

C'est la question primordiale dans la mesure où l'investissement d'origine détermine directement le risque global de la stratégie. Le gérant doit pouvoir mesurer ce qu'il est prêt à sacrifier si son anticipation se révèle fausse.

Un écart est débiteur ou créditeur selon que la mise en place de l'opération à l'origine se solde par un débit ou un crédit. Ainsi, un écart haussier à base de calls est toujours une opération débitrice à l'origine puisqu'un call à prix d'exercice inférieur est toujours plus cher qu'un call à prix d'exercice plus élevé pour une même échéance.

Le coût d'investissement représente donc la différence entre le premium acheté et le premium vendu.

2.1.2. Le point mort

Le point mort peut être défini comme le niveau à partir duquel la stratégie se solde par un gain à l'échéance.

Prenons un exemple : l'investisseur veut mettre en place un écart haussier Saint Gobain 640-680 sur juin. Il achète le call 640 à 35 francs et vend le call 680 à 15,5 francs. Le coût à l'origine est de 35 -15,5 soit 19,5 francs. A l'échéance, si Saint Gobain cote 659,5 le call 640 vaudra 19,5 francs. Le call 680 vaudra 0 franc.

A 659,5 francs (660 francs par excès), l'opérateur a juste amorti la perte originelle, le gain total est nul. Au delà de 660 francs, toute évolution supplémentaire de 1 franc du cours de l'action se soldera par un gain à l'échéance équivalent jusqu'à la zone de profit maximal.

2.1.3. Le calcul du profit maximum

De même que dans le calcul du point mort, le choix de la zone de profit maximum dépend de l'anticipation sur le support.

Prenons l'exemple de CGE en mettant sur place un écart 520 -560 juin au débit initial de 18 francs. Le point mort à l'échéance se situe à 538 francs (520 +18). L'évolution du profit est la suivante (cf. tableau 34) :

Tableau 34.
Evolution du profit

Cours de CGE à l'échéance	500	520	538	550	560	580	600
Call juin 520	0	0	18	30	40	60	80
Call juin 560	0	0	0	0	0	20	40
Valeur de l'écart	0	0	18	30	40	40	40
Coût de l'écart	– 13	– 18	– 18	– 18	– 18	– 18	– 18
Profit	– 18	– 18	0	12	22	22	22
Rentabilité en %	– 100	– 100	0	66	122	122	122

Le profit maximum est de 22 francs. Il est atteint quand le call 560 commence à se valoriser. En effet, à partir de 560 francs, toute nouvelle hausse de l'action support permet au call 560 d'acquérir de la valeur. Même si dans le même temps la valeur du call 520 augmente, le profit enregistré sur le call 520 est annihilé par la perte potentielle sur la vente du call 560. Le profit est maximal quand le cours de l'action est égal au prix d'exercice du call vendu. Il se calcule donc comme suit :

Profit maximal = cours du call vendu – cours du call acheté – coût de l'écart

2.2. Le choix d'un écart haussier

A partir du moment où le gestionnaire a décidé de mettre en place un écart haussier, il doit affiner son niveau d'anticipation à partir de chacune des caractéristiques mentionnées ci-dessus.

Comment peut-il déterminer un coût acceptable, un point mort réaliste et un profit objectif ?

2.2.1. Le coût acceptable

Dans le cas des écarts à base de calls, l'amplitude de ce coût est principalement lié à trois facteurs :

– la place des prix d'exercice par rapport au cours de l'action ;
– l'écart entre les prix d'exercice choisis ;
– le choix de l'échéance.

Afin d'étayer ces principes prenons l'exemple de la mise en place d'un écart haussier sur le titre Saint Gobain (cf. tableau 35).

Tableau 35.
Mise en place d'un écart haussier

Calls échéance juin sur Saint Gobain		
Cours de Saint Gobain	**Prix d'exercice**	**Valeur du call**
650	560	100
650	600	75
650	640	35
650	680	15,5
650	720	7

De nombreuses combinaisons d'écarts haussiers sont possibles à partir des données précédentes. Chacune impliquera un coût différent, en fonction des trois facteurs précités.

Le premier critère concernait la place des prix d'exercice par rapport au cours de l'action. C'est à ce niveau qu'intervient la notion d'écart en dedans, en dehors ou à parité.

Dans notre cas, un écart en dedans serait le suivant : écart haussier 600-640 où les deux prix d'exercice choisis sont inférieurs au cours de l'action au moment de la mise en place de la stratégie. Le coût de cet investissement est de 40 francs.

Un écart en dehors serait l'écart : 680-720 avec un coût d'investissement de 8,5 francs. Ici, les deux prix d'exercice sont supérieurs au cours de l'action.

Quant à l'écart à parité 640-680, il encadre le cours de l'action. Son coût est dans notre cas de 19,5 francs.

Le graphique 26 donne une représentation de ces positions à l'échéance.

Graphique 26.
Représentation des trois positions

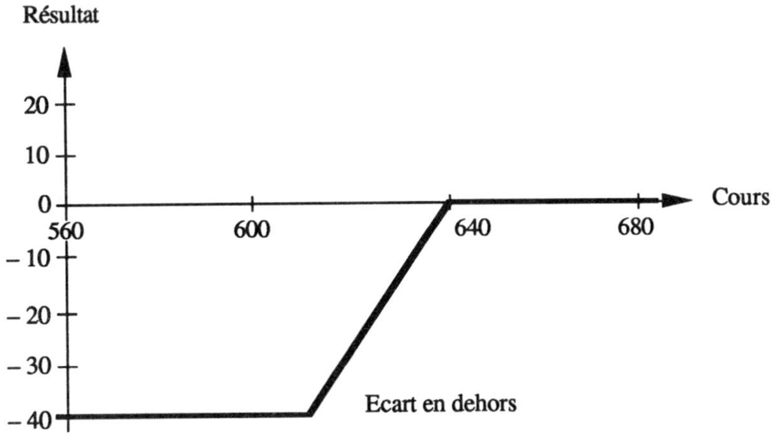

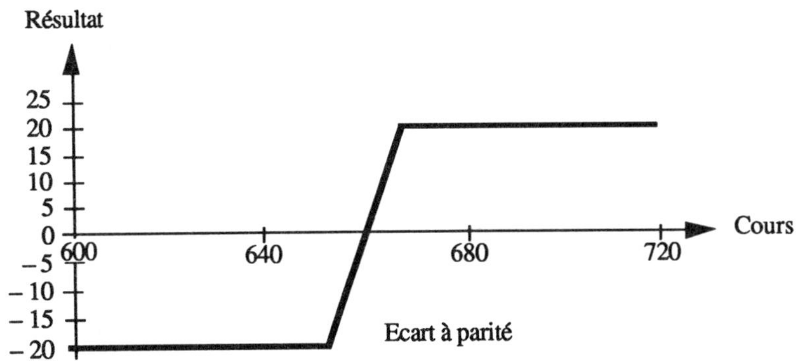

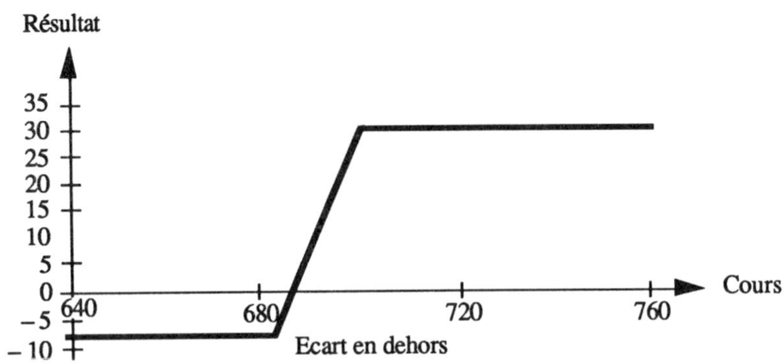

Le choix d'une de ces trois stratégies implique à la fois un coût d'investissement plus ou moins important (il est plus faible dans le cas d'un écart en dehors) mais surtout est le reflet du niveau d'anticipation du gestionnaire sur le support. Plus l'écart est en dehors, c'est-à-dire plus la zone de profit est éloignée du cours actuel de l'action, plus le taux de croissance attendu du cours du titre est élevé. Si l'anticipation se révèle exacte, la rentabilité de l'opération est très supérieure dans le cas d'un écart en dehors, puisque l'investissement d'origine est plus faible et le profit à l'échéance plus élevé.

Le deuxième déterminant était l'écart entre les prix d'exercice. Précédemment, nous n'avons présenté que des écarts haussiers comportant des prix d'exercice consécutifs. Il est tout à fait possible d'écarter les fourchettes et de choisir les écarts suivants : 560-640, 600-680 ou 600-720. Les coûts d'investissement seraient respectivement les suivants : 65 francs, 59,5 francs et 68 francs. Plus l'écart est grand plus le coût d'investissement est élevé. De même, le profit évolue proportionnellement à l'élargissement de l'écart. Dans le cas de l'écart haussier 600-680, le profit maximum est de 32,4 francs tandis que dans l'écart 600-720 il est de 52 francs.

L'écart entre les prix d'exercice pose donc le problème du couple perte/profit. C'est à l'investisseur de déterminer s'il est prêt à encourir un risque élevé (dans notre cas 68 francs) pour un profit supérieur, c'est-à-dire de savoir quel est son niveau d'agressivité.

Le dernier déterminant quant au coût d'investissement concerne le choix de l'échéance. Nous savons qu'un call à échéance plus éloignée a, pour le même prix d'exercice, une valeur supérieure à un call d'échéance plus proche. La différence est constituée de la valeur temps qui tend à s'apprécier lorsque l'échéance est de plus en plus éloignée. En conséquence, un écart haussier à échéance plus éloignée sera d'un coût supérieur.

2.2.2. Que choisir comme point mort ?

Un écart haussier correspond à une anticipation bien définie : on tient à obtenir le gain le plus important possible (à un coût moindre éventuellement). Il faut que ce gain soit réalisable : il faut donc tenir compte du cours du support au moment de la création de la stratégie et de l'anticipation de hausse du titre.

Dans l'exemple précédent, Saint Gobain cotait 650 francs. La mise en place d'un écart haussier 720-760 exigerait du titre d'enregistrer une performance de 16,9 % en deux mois. Ce n'est qu'à partir de 724 francs qu'un profit potentiel apparaît. C'est une hypothèse extrême, surtout pour un titre peu volatil qui vient de connaître une performance récente. Par conséquent choisir un point mort à 724 francs (ce qui serait le cas), paraît hasardeux sauf connaissance d'un fait particulier qui justifierait une telle évolution. Dans ce cas là, il semblerait plus logique d'acheter un call.

A l'opposé, choisir l'écart 600-640 n'a un intérêt que limité. A 650 francs, on se situe déjà dans la zone de profit maximum. L'écart a un coût élevé, pour un profit faible.

Il faut donc mettre en parallèle, dans le choix d'un point mort, le cours de l'action, le degré d'anticipation, et le coût de l'opération.

2.2.3. La détermination du profit maximum

Le profit maximum est très dépendant du prix d'exercice du call vendu. Plus l'écart entre les prix d'exercice sera élevé, plus le profit pourra être important. Le choix de ce prix d'exercice dépendra donc du degré d'agressivité recherché par l'opérateur.

Si nous prenons l'exemple d'une anticipation haussière sur CGE, un écart haussier pourrait se présenter comme suit :
– achat d'un call CGE 520 à 36 francs,
– vente d'un call CGE 560 à 18 francs.

L'échéance est la même, le mois de juin. Le gestionnaire paie un call 520 à 36 francs et encaisse une prime de 18 francs sur le call 560 vendu. Sa dépense initiale est donc de 18 francs. Le gain sera donc effectif dès lors que le profit à l'échéance permettra de couvrir et de dépasser le coût d'origine : 18 francs. La zone de profit se situe donc au delà de 538 francs (cf. graphique 27).

Mais la mise en place de cette stratégie ne se justifie que si l'on escompte une hausse du support titre dans une zone de cours plus ou moins limitée. Au-delà de cette zone, qui dans notre cas est la zone 538-560, un coût d'opportunité apparaît. En effet, dès lors que l'action atteint et dépasse 560 francs, le call 560 tend à se valoriser. Toute valorisation du call vendu obère le profit enregistré sur le call 520. Le profit à l'échéance est donc borné, alors même que l'action peut avoir une évolution haussière au delà de 560 francs.

Graphique 27.
Représentation de la position

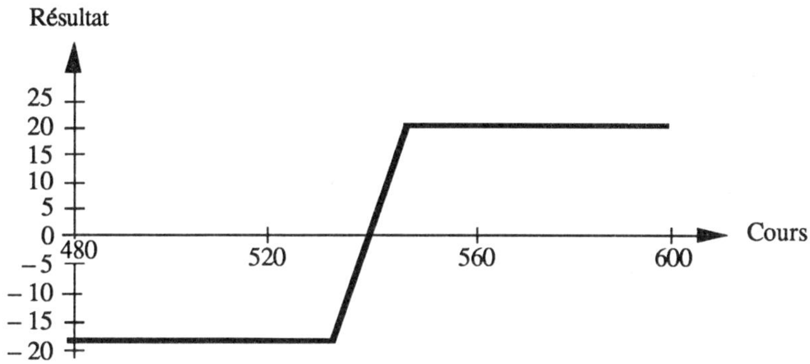

Le coût d'opportunité représente donc la perte potentielle de profit au delà de 560 francs. Ce coût est inhérent à cette stratégie, ce qui n'est pas le cas de l'achat de calls. Prenons maintenant un autre exemple, à savoir : l'achat d'un call CGE juin 520 à 36 francs (graphique 28).

Le débit initial est de 36 francs. La zone de profit se situe au delà de 556 francs. En effet, à 556 francs, la valeur du call 520 est de 36 francs (cours de l'action-prix d'exercice du call), c'est-à-dire équivalente à l'investissement initial.

Au delà de 556 francs, chaque franc supplémentaire représente un profit pour l'opérateur, et ce d'une manière illimitée.

En comparaison avec l'écart haussier précédent, l'investissement d'origine est plus important et la zone de profit plus éloignée.

Si le cours de l'action ne dépasse pas 556 francs, l'écart haussier est une stratégie préférable à l'achat de calls :

– soit l'action n'atteint pas 538 francs, et dans ce cas la perte est de 18 francs et non pas de 36 francs comme dans le cas de l'achat de calls ;

– soit l'action évolue entre 538 francs et 556 francs, zone de profit dans le cas de l'écart haussier et de perte dans le cas de l'achat de calls.

Graphique 28.
Représentation de la position

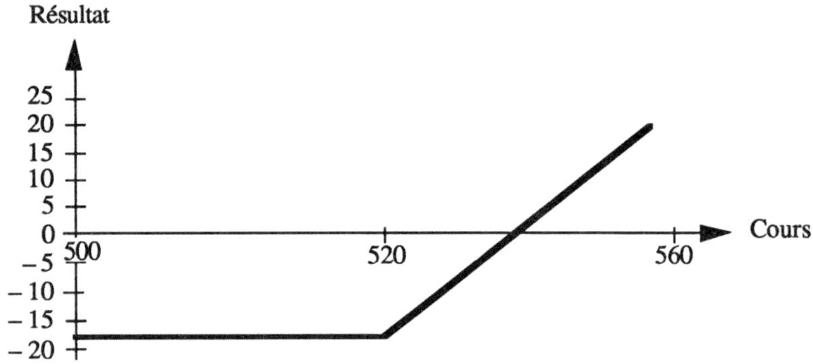

A l'opposé, au delà de 556 francs, l'achat de calls est beaucoup plus rentable que l'écart haussier puisqu'on ne connait pas de limite à la valorisation d'un call.

Ces deux stratégies trouveront donc place dans des situations différentes : dynamisation d'une position actions dans le cas d'un achat de calls (l'effet de levier est important), substitut d'un achat de titres dans le cas de l'écart haussier quand un titre a déjà monté et recèle un potentiel plus limité de hausse.

2.3. La mise en place technique

Savoir exprimer ses anticipations, son degré d'agressivité, son niveau d'implication est la base d'un écart haussier. Cela incombe au gestionnaire. Effectuer la mise en place technique concerne plus précisément l'opérateur sur le marché. Il faut alors raisonner en terme de volatilité ou de temps.

2.3.1. Le paramètre temps

Le paramètre temps intervient lorsqu'il s'agit de déterminer sur quelle échéance mettre en place l'écart haussier. Faut-il choisir l'échéance la plus proche ou bien la plus éloignée ?

Choisir l'échéance la plus proche comporte un risque que la valeur temps baisse plus vite que l'action ne monte. En effet, la baisse de la valeur temps ne suit pas une loi linéaire : plus l'échéance approche, plus l'évolution est exponentielle. Il faudra donc, lors de la création d'un écart haussier, opérer un arbitrage harmonieux entre l'anticipation de la hausse du titre et le risque de décroissance de la valeur temps.

2.3.2. La volatilité

C'est le paramètre qui permet de savoir si l'opération est techniquement optimum au niveau de la valeur respective des premiums encaissés et décaissés. Il faut que la volatilité des deux calls soit équivalente pour des prix d'exercice relativement proches ou, au mieux, que la volatilité du call vendu soit supérieure à celle du call acheté.

3. La gestion d'un écart haussier

Un écart, comme toute stratégie d'options, ne se met pas toujours en place une fois pour toutes. Il faut suivre la position pendant sa durée de vie et être conscient de ses limites.

Dès lors que l'anticipation se révèle exacte, point n'est besoin d'un suivi excessif : il suffit d'attendre l'échéance, moment auquel le profit est tangible. Si, à l'échéance, l'écart haussier est fortement dans la monnaie il ne sert à rien de déboucler l'opération, principalement du fait des coûts encourus (frais lors de la vente du call acheté et de l'achat du call initialement vendu).

La situation ne se présente pas de même si l'évolution du support est contraire à nos prévisions. Trois hypothèses sont possibles :

- la stabilité du titre
- la baisse du titre
- la forte hausse du titre.

3.1. La stabilité du support

Dès lors que l'évolution du titre ne répond pas à nos espérances, il n'est pas question d'attendre l'échéance pour décider de la nouvelle stratégie à adopter. Dans le pire des cas, à l'échéance, les deux calls auront une valeur nulle. La perte équivaudra à l'investissement initial. Le gestionnaire a accepté le risque initial, il peut donc décider d'enregistrer cette perte. L'autre solution est de déboucler l'opération avant l'échéance et surtout avant que le call acheté ne se déprécit trop. L'opération peut être débouclée tout ou partie.

Supposons que l'initiateur de l'opération ait des titres Suez en portefeuille et qu'il ait mis en place un écart 400-440. Le titre reste stable à 400 francs par exemple. Une possibilité de sortie, dès lors que l'on estime que cette stabilité perdurera jusqu'à l'échéance, est de déboucler le call acheté avant qu'il ne perde toute sa valeur.

On conserve alors le call 440 : on se trouve donc en position de protection du titre Suez, ce qui nous permettra d'encaisser la totalité du call vendu. Précisons que cette politique n'est concevable que si le gestionnaire possède des titres Suez en portefeuille. Dans le cas contraire, il se trouverait en indélicatesse face à la réglementation de l'ASFFI qui lui interdit de vendre des calls « secs ».

Dans cette hypothèse, il ne lui reste alors qu'une solution : déboucler l'écart haussier, si tant est que cela soit plus avantageux pour lui que de laisser l'écart haussier mourir jusqu'à l'échéance.

3.2. La baisse du titre

Dans ce cas, le gestionnaire peut avoir deux réactions différentes. Cela dépendra des caractéristiques de l'écart haussier.

S'il s'agit d'un écart haussier constitué de calls à prix d'exercice consécutifs (par exemple un écart 400-440 sur Suez) son comportement sera calqué sur celui que nous avons vu précédemment dans le cas de la stabilité du titre. En l'occurrence, le gérant pourra, soit laisser mourir son écart haussier, soit le déboucler en partie en vendant le call acheté et en restant vendeur de call simple.

S'il s'agit à l'opposé d'un écart à l'origine agressif (400-480) le gestionnaire peut resserrer sa position. Supposons que le coût à l'origine soit de 47,5 francs (70,5 francs – 23 francs). Ceci représente le risque maximum. On peut chercher à minimiser ce risque en transformant la stratégie en un écart plus prudent.

Dans le cas présent, on rachèterait le call 480 (à un prix inférieur à 23 francs puisque l'action a baissé) ce qui équivaut à une prise de profit, et on revendrait à la place un call 440 qui aura une prime supérieure (puisqu'il est plus dans la monnaie). Cette opération permet de « couvrir » le call acheté par une vente de call à premium plus important.

A l'extrême, si l'action baisse beaucoup, le roulement de la position peut se poursuivre, jusqu'à transformer notre écart haussier d'origine en écart baissier. Concrètement, après avoir vendu et racheté le call 440, l'opérateur vendrait un call 380 puis 360... A terme, la totalité de la perte d'origine peut être amortie... à condition que l'action ne se retourne pas à la hausse entre temps...

3.3. La forte hausse du titre

Ici, le gérant a eu une bonne perception de l'évolution future du titre mais non de l'ampleur du mouvement. Le cours de l'action dépasse ses espérances. On retrouve ici la notion de coût d'opportunité présenté précédemment.

Que peut-il faire ?

Laisser son écart haussier en l'état et, éventuellement, en mettre en place un deuxième, avec des prix d'exercice plus élevés.

Déstructurer l'écart haussier existant en rachetant le call vendu et en restant par conséquent acheteur de call « sec ». On est alors en mesure de profiter pleinement de la hausse du titre. Il est cependant nécessaire que l'estimation de poursuite de la hausse du titre soit élevée pour qu'elle justifie cette modification (gain supplémentaire attendu supérieur à la perte encaissée sur le rachat du call vendu).

Modifier l'écart haussier en écartant les branches par rachat du call vendu et vente d'un call à prix d'exercice supérieur.

Cette dernière stratégie recèle un potentiel de risque non négligeable surtout lorsque la prime sur le call acheté est forte. En effet, supposons un écart haussier 350-375 juin sur Lafarge. Contre toute attente, le cours de Lafarge augmente fortement.

Le gérant décide de profiter de cette évolution : il rachète donc le call vendu, écarte sa position en vendant à la place un call 420. Il a donc enregistré une perte sur le call racheté et vendu un call à prime plus faible qui couvre beaucoup moins bien son premium acheté.

Tout va bien tant que l'action poursuit son chemin à la hausse. En l'occurrence, il ne s'agit que d'un feu de paille et Lafarge rebaisse. De nouveau, notre gestionnaire adopte un comportement de moutonnier et envisage de resserrer son écart.

Quel est le bilan de l'opération ? Même si on exclut les frais dus aux changements fréquents de stratégie, l'opération ne peut être que très décevante sur le plan de la rentabilité :

– notre gérant a encaissé une perte lors du rachat du call 375,

– son call 350 se déprécie, ce qui équivaut à une perte potentielle,

– le call 420 se révèle incapable d'amortir la perte sur le call 350,

– une revente ultérieure d'un call 375 (après rachat du call 420) ne lui apporte pas la même protection qu'à l'origine de la stratégie du fait principalement d'écarts de volatilité existant maintenant entre le call 350 et le call 375.

Conclusion

L'écart haussier est donc une stratégie haussière qui a comme principal avantage d'être peu spéculative, le gain et la perte éventuels étant totalement circonscrits.

Stratégie facile à mettre en place, elle possède aussi la qualité de n'être pas immuable dans le temps si l'évolution de l'action support exige du gestionnaire une réaction précise.

En contrepartie, l'écart haussier est une stratégie très modérément haussière, comparativement à l'achat de calls (par exemple).

Avec la présentation de cette « construction hybride », nous clôturons la description des positions haussières qui se soldent à l'origine par un débit initial.

La prochaine « étape » doit nous amener à étudier les stratégies qui se caractérisent, à l'initialisation de la position, par l'encaissement d'une prime : il s'agit des positions vendeurs.

Il existe une stratégie qui est aux confins des stratégies acheteurs et des vendeurs : le call ratio, qui fera l'objet du prochain chapitre.

Chapitre 8

LES RATIOS : UNE STRATÉGIE FLEXIBLE

par Lionel Lépinois

Les ratios peuvent être considérés comme une stratégie mixte, car ils se rapprochent à la fois des stratégies de ventes pures et des écarts verticaux. Avant d'analyser en détail les différents types de ratios, nous noterons un certain nombre de généralités. Prenant l'exemple d'un call ratio, nous remarquerons que :

– Le call ratio se rapproche de la vente de calls sèche, puisque l'objectif de cette combinaison consiste à encaisser la valeur temps à l'approche de l'échéance, la construction s'analysant comme une vente nette d'options.

– La stratégie du call ratio permet à l'investisseur d'optimiser le rendement d'un portefeuille, car elle a pour effet de déplacer le cours potentiel de vente du titre support vers le haut.

– En revanche, la vente de calls couverte apparaît mal adaptée dans un marché bien orienté, car elle peut engendrer un coût d'opportunité, en cas d'assignation, et dans l'hypothèse d'une faible volatilité.

– La mise en place d'un call ratio est justifiée lorsque certaines caractéristiques techniques du marché sont réunies, en particulier une volatilité élevée et après une phase de hausse du cours du titre support.

Dans la mise en place d'une stratégie de ratios, l'ensemble des combinaisons possibles est très vaste, ce qui permet à l'opérateur d'adapter sa stratégie à toutes ses anticipations, suivant le choix des prix d'exercice à l'achat ou à la vente, et du type d'option (call ou put).

On peut ainsi distinguer quatre grands types de stratégies :
– le call ratio spread,
– le put ratio spread,
– le call ratio backspread,
– le put ratio backspread.

Nous constaterons que les backspreads sont privilégiés par les arbitragistes à la recherche d'écarts de volatilité.

Les deux premières stratégies sont le plus souvent utilisées car elles correspondent le mieux aux anticipations habituelles des investisseurs qui visent à être vendeurs nets d'options, donc de valeur temps.

Compte tenu des similitudes entre le call ratio spread et le put ratio spread, nous consacrerons l'essentiel de nos développements à la première de ces stratégies.

1. Définitions

1.1. Le call ratio spread

Le call ratio spread est une stratégie qui consiste à acheter une option d'achat à un prix d'exercice déterminé (A) et à vendre deux ou plusieurs options d'achat de même échéance mais à un prix d'exercice supérieur (B).

Nous nous limiterons, par souci de simplicité, à l'étude de call ratio comportant la vente de deux options seulement.

Cette stratégie peut être mise en place lorsque l'investisseur anticipe une faible hausse du titre support, mais qu'il n'exclut pas un risque de baisse, puisqu'elle revient à être vendeur du titre à un cours déterminé. Elle vise donc à procurer un rendement optimal si l'action reste stable ou enregistre une légère hausse, voire une faible baisse.

Le flux de trésorerie initial se solde par un crédit net, lorsque la valeur des calls vendus est supérieure à celle du call acheté. Le montant du crédit initial apparaît donc comme un critère essentiel de choix dans la sélection des calls ratios.

Cette stratégie présente l'avantage, par rapport à la vente de call simple, de positionner le point mort plus haut et de générer un profit maximal plus élevé.

Cette construction peut néanmoins se traduire par un coût d'opportunité en cas d'évolution défavorable de l'action support, c'est-à-dire pour une forte hausse de l'action support.

En effet, dans l'hypothèse où le cours du titre dépasse B, l'opérateur peut être contraint à un exercice anticipé des calls vendus à l'approche de l'échéance.

Dans certains cas de figure, le call ratio peut être débouclé avec profit avant l'échéance. Par exemple, si le cours du titre enregistre une hausse modérée, au-dessus de A, l'investisseur peut revendre le call A avec un gain supérieur à la perte enregistrée sur le rachat des calls B ou attendre d'encaisser la valeur temps.

Lorsque le cours du titre est égal à B à l'échéance, le profit est maximal puisque les options vendues expirent sans valeur et l'option achetée A vaut la différence entre le cours et A, soit B - A, c'est-à-dire sa valeur intrinsèque. Par ailleurs, le résultat est accru par le flux initial créditeur.

Dans l'hypothèse où le cours du titre baisse en dessous de A, le résultat est limité au flux initial, puisque aucune option n'est exercée. C'est pourquoi il est opportun de mettre en place la stratégie avec un crédit initial. Dans cette hypothèse, le call ratio peut même être déplacé vers le bas.

Prenons un exemple : le call ratio spread Lafarge, échéance septembre, le cours au comptant étant de 450.

Voici les opérations effectuées :
– Achat d'un call septembre 450 à 30 ;
– Vente de deux calls septembre 480 à 19 (soit 38).

Le crédit initial sera égal à : 38 – 30 = 8. Dans le même temps, le gain maximal correspondra à la différence entre les prix d'exercice augmentée du crédit initial, soit : 30 + 8 = 38.

Les points morts à l'échéance seront caractérisés de la façon suivante :
– Le premier est atteint à la baisse lorsque le flux initial est débiteur : il est égal au prix d'exercice A + le débit initial ;

– Le second est atteint à la hausse lorsque le cours est égal au prix d'exercice B + différence (B – A) + flux initial : 480 + 30 + 8 = 518.

Graphique 29.
Illustration d'un call ratio spread

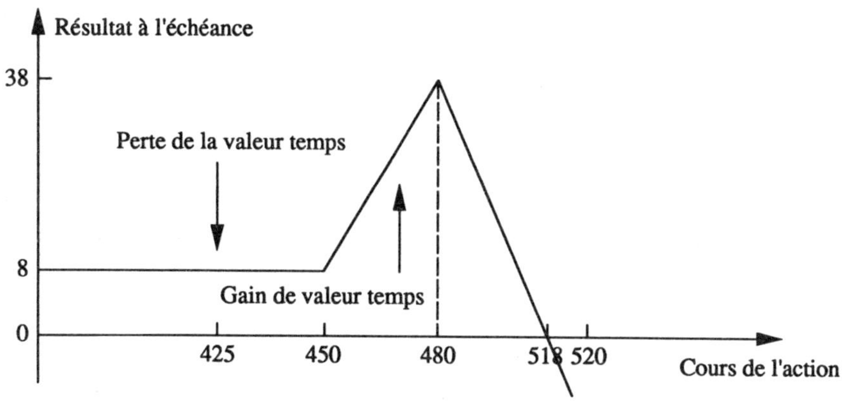

Call ratio spread

1.2. Le put ratio spread

La stratégie du put ratio spread consiste à vendre deux ou plusieurs options de vente à un prix d'exercice déterminé (A) et à acheter une option de vente à un prix d'exercice plus élevé (B). Nous nous limiterons à l'étude du put ratio comportant la vente de deux options seulement.

Cette construction peut être envisagée lorsque l'opérateur anticipe une stabilité du cours du titre support entre les prix d'exercice et une baisse limitée au premier prix d'exercice (ou un point mort inférieur à A).

Le flux de trésorerie initial est un crédit net, si la valeur des deux puts vendus est supérieure à celle du put acheté. Cette stratégie doit donc être mise en place de préférence lorsque le crédit initial apparaît intéressant.

De manière symétrique, cette position présente un risque en cas d'évolution défavorable de l'action support, c'est-à-dire pour une forte baisse de l'action. En effet, dans l'hypothèse où le cours descend au-dessous de A, toutes les options vendues deviennent dans la monnaie et sont exercées à l'approche de l'échéance.

Si le cours de l'action enregistre une légère baisse au-dessous de B, l'opérateur peut éventuellement revendre le put B avec un bénéfice supérieur à la perte enregistrée sur le rachat des puts A, ou attendre d'encaisser la valeur temps.

Le gain est maximal si le cours est en A à l'échéance, puisque les options A vendues expirent sans valeur et l'option B vaut la différence entre B et le cours. Le flux initial doit être ajouté au résultat.

Dans l'hypothèse où le cours monte au-dessus de B, le résultat est limité au flux initial, puisque toutes les options sont en dehors de la monnaie et expirent sans valeur.

Voici un exemple de put ratio spread :

Soit le put ratio spread Lafarge, échéance septembre, le cours au comptant étant de 450. On procèdera aux deux opérations suivantes :

– vente de deux puts septembre 425 à 8, soit 16 ;
– achat d'un put septembre 450 à 14.

Le crédit initial s'élèvera à : 16 – 14 = 2, tandis que le gain maximal sera égal à la différence entre les prix d'exercice augmentée du crédit initial, soit : 25 + 2 = 27.

De nouveau, on identifiera deux points morts à l'échéance :

– à la hausse, lorsque le flux initial est débiteur : prix d'exercice B, moins le débit initial ;
– à la baisse : prix d'exercice A - différence (B – A) – flux initial : 425 – 25 – 2 = 398.

1.3. Le call ratio backspread

Cette stratégie, inverse de celle du call ratio, consiste à vendre une option d'achat à un prix d'exercice (A) et à acheter deux options d'achat à un prix d'exercice (B) plus élevé.

Cette construction peut être utilisée lorsque l'investisseur anticipe une volatilité très forte et une tendance haussière.

Graphique 30.
Illustration d'un put ratio spread

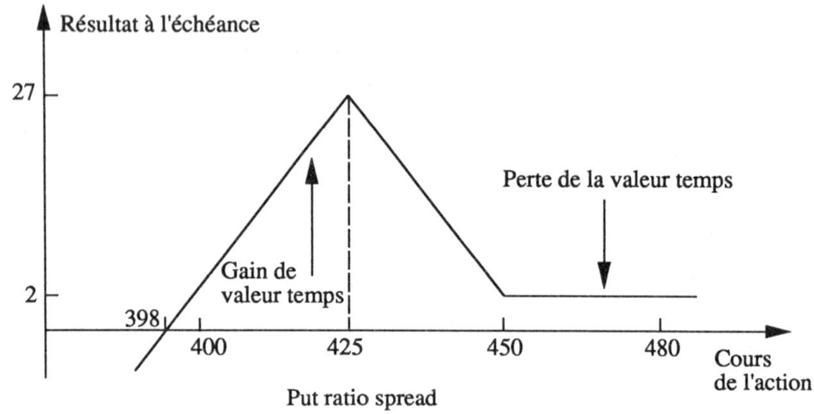

Le flux de trésorerie initial est créditeur lorsque les premiums des calls achetés sont inférieurs au premium du call vendu.

L'investisseur prévoit de revendre les deux calls B avec un gain supérieur à la perte enregistrée sur le rachat du call A, le cours initial étant inférieur ou égal à B, avec une anticipation à la hausse.

Dans ce scénario, une forte hausse peut rendre les calls B dans la monnaie, de sorte que leur valeur intrinsèque excède au total la valeur intrinsèque du call A.

Cette stratégie est donc délicate à mettre en œuvre, car elle revient pour l'opérateur à être acheteur de valeur temps.

Si le cours reste au niveau de B, le call A est exercé près de l'échéance, alors que les calls B expirent sans valeur. Dans ce cas, la perte est maximale.

Dans l'hypothèse où le cours est inférieur ou égal à A, toutes les options sont en dehors de la monnaie ; le résultat n'est plus constitué que par le crédit initial.

Pour illustrer cette stratégie, prenons l'exemple d'un call ratio backspread Lafarge, échéance septembre, avec un cours au comptant de 450.

Les opérations réalisées seront les suivantes :
– achat de deux calls septembre 480 à 11, soit 22 ;
– vente d'un call septembre 450 à 28.

Alors que le crédit initial sera égal à 28 – 22 = 6, la perte maximale, différence entre les prix d'exercice augmentée du crédit initial, s'élèvera à : 450 – 480 + 6 = -24.

On retrouvera également deux points morts à l'échéance :

– à la baisse : prix d'exercice A + crédit initial, soit : 450 + 6 = 456 ;

– à la hausse : prix d'exercice B + différence entre les prix d'exercice (B – A) – crédit initial, soit : 480 + (480 – 450) - 6 = 504.

Graphique 31.
Illustration d'un call ratio backspread

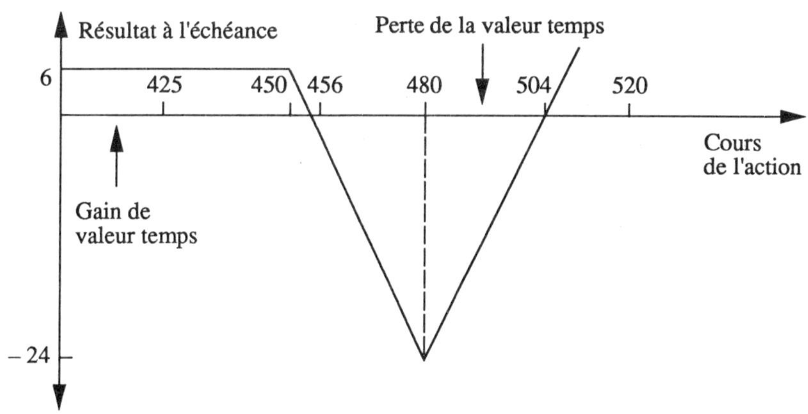

1.4. Le put ratio backspread

Cette stratégie consiste à vendre une option de vente au prix d'exercice B, et à acheter deux options de vente à un prix d'exercice A inférieur.

Cette position est mise en place lorsque l'opérateur anticipe une volatilité très forte et une tendance baissière.

Le flux de trésorerie initial est créditeur lorsque les premiums des puts achetés sont inférieurs au premium du put vendu.

L'opérateur espère revendre les deux puts A avec un gain supérieur à la perte enregistrée sur le rachat du put B dans la monnaie, le cours initial étant supérieur ou égal à A, avec une anticipation à la baisse.

Dans cette hypothèse, il faut qu'une baisse sensible de l'action rende les puts A dans la monnaie de sorte que leur valeur intrinsèque excède au total la valeur intrinsèque du put B.

Dans le cas où le cours reste au niveau de A, le put B est exercé près de l'échéance, alors que les puts A expirent sans valeur. La perte est alors maximale.

Si le cours est supérieur ou égal à B, tous les puts sont en dehors de la monnaie ; le résultat se limite alors au crédit initial.

Illustrons cette stratégie à travers l'exemple suivant : soit un put ratio backspread Lafarge, échéance septembre, avec un cours au comptant de 450.

Cela va consister en la mise en place de deux opération simultanées :

– Achat de deux puts septembre 425 à 6, soit 12 ;

– Vente d'un put septembre 450 à 14.

Tandis que le crédit initial s'élève à 2 (14 – 12), la perte maximale, différence entre les prix d'exercice augmentée du crédit initial, atteint : 425 – 450 + 2 = -23.

Notons les deux points morts à l'échéance :

– à la baisse : prix d'exercice A - différence entre les prix d'exercice + crédit initial, soit : 425 – (450 – 425) + 2 = 402 ;

– à la hausse : prix d'exercice B - crédit initial, soit : 450 – 2 = 448.

Graphique 32.
Illustration d'un put ratio backspread

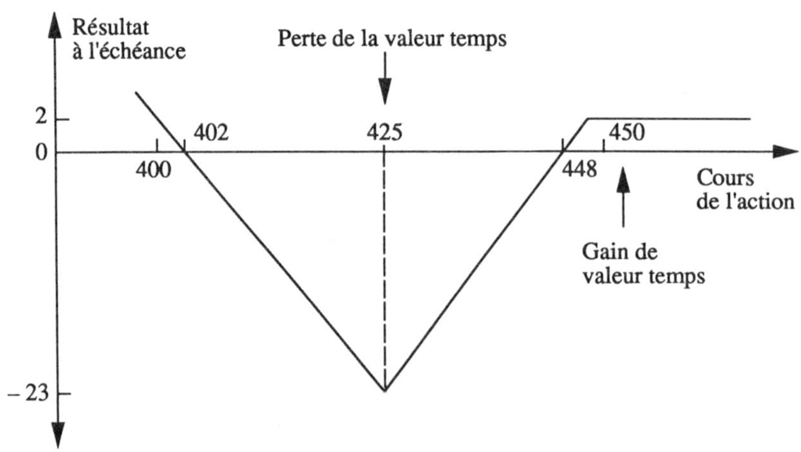

2. Contexte d'utilisation

2.1. Niveau des volatilités

Un call ratio spread peut être envisagé lorsque la volatilité implicite des options de vente n'est pas suffisamment forte pour vendre des stellages ou strangles, en encaissant un montant de premium satisfaisant, ou lorsqu'il existe un écart de volatilité intéressant entre deux séries de calls. L'achat d'un call ratio sera d'autant plus attrayant que la volatilité du call acheté sera faible et que la volatilité des calls vendus sera élevée. Il faut noter que dans certains cas, notamment lorsque le niveau général des volatilités est très faible, il est impossible d'obtenir un crédit initial lors de la mise en place de la stratégie, la vente des deux calls ne compensant pas l'achat du call.

2.2. Cours du titre support

La construction d'un call ratio spread peut être réalisée dans des conditions optimales, lorsque l'action support, après avoir bénéficié d'une hausse sensible, semble entrer dans une phase de consolidation.

Ainsi, la mise en place d'un call ratio spread peut être justifiée si la valeur support apparaît techniquement sur-achetée ou présente un rapport cours-bénéfice (price earning ratio) sensiblement supérieur à un niveau jugé raisonnable par rapport au marché. Cependant, le potentiel de baisse de l'action support doit être relativement limité. Dans le cas contraire, il est préférable d'acheter un put ou de vendre un call à parité.

Deux conditions préalables s'avèrent donc nécessaires pour justifier la mise en place d'une telle stratégie.

D'une part, le cours du titre support doit être anticipé à la hausse par le marché ou avoir connu une phase pendant laquelle la psychologie des opérateurs s'est révélée très haussière. D'autre part, le niveau des volatilités doit permettre à l'investisseur d'obtenir un flux de trésorerie initial créditeur.

La stratégie du call ratio spread peut être également envisagée dans un contexte plus spéculatif, dans la perspective d'une hausse de l'action support. Elle offre ainsi la possibilité de déterminer un cours de vente limite sur le titre. Dans ce cas, le choix des prix d'exercice (niveaux et écarts) et des échéances permet d'ajuster les variables de la stratégie. La sélection des prix d'exercice et des échéances dépend des anticipations de l'opérateur sur l'ampleur de la hausse potentielle du titre support, le niveau de vente objectif jugé acceptable et le risque de consolidation. Ainsi, le choix des prix d'exercice modifie le degré d'agressivité de la construction, en fonction des convictions de l'investisseur quant à l'évolution du marché (risque global) d'une part, et de l'action support (risque spécifique) d'autre part. L'opérateur peut donc privilégier soit la rentabilité de la stratégie, soit la couverture du portefeuille à la baisse. Ainsi, la vente d'options d'achat en dehors de la monnaie permet à l'investisseur de devenir potentiellement vendeur du titre support à un niveau de cours élevé. Si l'opérateur anticipe une hausse assez faible ou une stabilisation du cours du titre support, il choisira de vendre des options d'achat plus proches de la parité, sur lesquelles la valeur temps est maximale.

2.3. Conditions réglementaires de réalisation

Selon les dispositions réglementaires des OPCVM, le gestionnaire doit détenir en portefeuille la moitié des titres supports correspondant aux options d'achat vendues. En effet, le call ratio spread peut être assimilé à une vente d'options d'achat sèche juxtaposée à un écart vertical haussier.

3. Critères de sélection du « call ratio »

3.1. Un crédit initial ou un débit net très faible

L'investisseur doit veiller à être très sélectif dans le choix des prix d'exercice et des échéances, en fonction des volatilités implicites, afin de dégager un flux de trésorerie initial créditeur.

La vente de deux calls doit donc, dans la meilleure hypothèse, permettre le financement de l'achat du call à un prix d'exercice inférieur.

Il est vrai que la combinaison peut être également réalisée avec un faible débit net. Mais, dans ce cas, la rentabilité à l'échéance d'une telle position est rendue plus aléatoire, puisque le crédit initial s'ajoute souvent pour une part non négligeable au résultat final, et la position est plus risquée à la hausse.

Le rapport entre le crédit initial et le cours de l'action support est donc une des variables essentielles permettant de juger l'opportunité de la mise en place d'un call ratio.

3.2. Un point mort suffisamment élevé

La construction d'un call ratio doit intégrer les anticipations plus ou moins optimistes de l'investisseur quant à l'évolution du cours de l'action support.

La détermination d'un point mort raisonnablement éloigné du cours actuel de l'action est la clé de la réussite d'une telle stratégie, dans laquelle il convient de trouver un compromis entre le désir de rentabilité et le souci de protection de l'opérateur. Le point mort à la hausse correspond à un prix de vente du titre support dans l'hypothèse d'une assignation.

Le taux de couverture, c'est-à-dire le rapport entre le niveau du point mort et le cours initial du titre permet donc de juger rapidement de l'intérêt de la mise en œuvre d'un call ratio.

3.3. Un profit maximal au niveau du deuxième prix d'exercice

La stratégie est optimale si le cours de l'action support se situe, à l'échéance, au niveau du deuxième prix d'exercice, car l'opérateur bénéficie du maximum de valeur intrinsèque sur le call acheté, alors que les deux calls vendus n'ont plus de valeur.

Le taux de rentabilité maximum, c'est-à-dire le rapport entre le profit maximal et le cours initial de l'action, dépend donc du choix des deux variables précédentes (crédit initial et niveau de point mort).

Le profit maximal peut couvrir une plage plus large, si l'opérateur réalise un « table top ». Dans ce cas, les ventes d'options d'achat portent sur deux prix d'exercice différents.

L'intérêt de cette variante du call ratio réside dans la possibilité de déterminer un point mort plus élevé, au détriment du crédit initial.

4. Exemple d'utilisation du « call ratio »

4.1. Utilisation du call ratio spread dans le cadre d'une stratégie défensive

La mise en place d'un call ratio Source Perrier, échéance septembre 1600/1700 (achat d'un call septembre 1600 à 100 et vente de deux calls septembre 1700 à 60) permet l'encaissement d'un crédit initial de 20 points (2 x 60 - 100), le cours du titre étant alors de 1 585 francs.

Trois hypothèses peuvent donc être envisagées :

– Si le cours de l'action à l'échéance est inférieur à 1 600 francs (premier prix d'exercice), l'opérateur conserve le crédit initial de 20 francs.

Le call ratio joue alors comme une couverture limitée, il est vrai, au montant du crédit encaissé. Il peut être roulé à la baisse, de manière à reconstituer un nouveau crédit.

Dans le cas étudié, le rapport entre le crédit initial et le cours de l'action (20/1 585) est assez faible (1,26 %).

– Si le cours de l'action est compris à l'échéance entre 1 600 francs et 1 700 francs, les deux options d'achat vendues n'ont plus de valeur.

La stratégie est donc optimale si le cours de l'action atteint le niveau du deuxième prix d'exercice, soit 1 700 francs, puisque les deux calls vendus ne valent plus rien, alors que le call acheté est à son maximum de valeur intrinsèque.

Le gain maximal est donc de 120 points (crédit initial : 20, auquel s'ajoute la valeur du call acheté : 100, soit, au total, 120), ce qui correspond à un rendement de 7,57 % par rapport au cours initial de l'action (120/1 585).

– Si le cours de l'action est supérieur à 1 700, l'opérateur peut être assigné, mais le call ratio conduit à être vendeur du titre à 1 700 + 120 francs (profit maximum), soit 1 820 francs, niveau qui peut apparaître raisonnable pour l'investisseur, puisqu'il correspond à une hausse de 14,8 % de l'action par rapport au niveau actuel (1 585).

La mise en place d'un call ratio spread présente donc le double avantage pour l'investisseur d'encaisser un crédit initial, et de pouvoir déboucler l'opération en étant vendeur de l'action Source Perrier à un cours relativement élevé.

Entre 1 600 et 1 820, la stratégie est donc optimale car elle permet d'accroître la rentabilité des actions détenues en portefeuille.

Une vente de calls sèche 1 700 septembre aurait déterminé un point mort à 1 760 et non 1 820, avec un gain maximal potentiel moins important (60 points et non 120 points).

La construction ne peut présenter pour l'opérateur un coût d'opportunité qu'à partir du niveau de 1 820.

4.2. Utilisation du call ratio spread dans le cadre d'une stratégie offensive

Le call ratio spread peut être mis en place dans de bonnes conditions lorsque l'investisseur anticipe une forte hausse du titre support dans un contexte de marché spéculatif.

Si un opérateur prévoit une hausse sensible de l'action Accor, il peut construire un call ratio, échéance septembre, 960/1 000. L'investisseur achète un call septembre 960 à 50 et vend deux calls septembre 1 000 à 30. La stratégie se solde donc par un crédit initial de 10 points (60 - 50), le cours de l'action étant alors de 970 francs.

Dans le cas d'une assignation à l'échéance, le prix de vente potentiel de l'action est égal au prix d'exercice le plus élevé, auquel s'ajoutent la différence entre les deux prix d'exercice et le crédit initial, soit 1 000 + 40 + 10, donc 1 050 francs. Ce call ratio procure donc un rendement de 8,24 % par rapport au cours de l'action à l'origine (970 francs).

5. Les modes de gestion possibles

5.1. Dans l'hypothèse d'une hausse du cours du titre support

Deux cas de figure peuvent se présenter selon qu'il s'agit d'une hausse modérée ou très sensible du cours de l'action :

5.1.1. Hausse modérée

Dans cette hypothèse, l'investisseur doit veiller à rouler l'ensemble de la position vers le haut, si le cours du titre s'approche du prix d'exercice des calls vendus, afin d'éviter tout risque d'assignation, s'il ne souhaite pas se défaire de la ligne d'actions.

Le roulement consiste donc à racheter les calls vendus et à les revendre à un niveau de prix d'exercice supérieur, et parallèlement, à vendre le call acheté afin d'acquérir un call à un prix d'exercice plus élevé.

Grâce à cette gestion dynamique de la stratégie, l'objectif de l'investisseur est, d'une part, de déterminer un niveau de profit maximal plus élevé et, d'autre part, de retrouver un taux de couverture plus acceptable.

5.1.2. Hausse sensible

En cas de très forte hausse du cours de l'action support dans un contexte spéculatif, l'investisseur peut anticiper une poursuite du mouvement haussier.

Ainsi, deux solutions peuvent être envisagées pour gérer au mieux la stratégie. L'opérateur peut racheter les calls vendus et rester acheteur de calls, ce qui correspond à une position très agressive. Il a également la possibilité de racheter la moitié des calls vendus et mettre ainsi en place un écart haussier, ce qui traduit une anticipation plus prudente.

L'investisseur peut aussi prévoir une phase de consolidation après un mouvement de hausse très sensible. Dans ce cas, il peut vendre les calls achetés en dégageant une plus-value.

Le call ratio est ainsi désarticulé et se transforme désormais en une vente de calls sèche, avec tous les risques liés à la perspective d'une poursuite de la hausse du titre support. L'opérateur pourra alors attendre la phase de consolidation, afin de racheter les calls vendus.

5.2. Dans l'hypothèse d'une stabilisation du cours de l'action entre les deux prix d'exercice

La stratégie est optimale, puisque toute la valeur temps est encaissée à l'approche de l'échéance. L'investisseur n'a donc pas de raison de modifier la position avant l'échéance.

Le profit est maximal, comme nous l'avons vu précédemment lorsque le cours du titre atteint le niveau du prix d'exercice des calls vendus.

5.3. Dans l'hypothèse d'une baisse du cours de l'action support

Le call ratio peut être débouclé avant l'échéance avec profit puisque le delta global de la stratégie est négatif.

L'ensemble de la position peut être roulé vers le bas, de façon à encaisser un premium plus élevé qui permettra de neutraliser davantage le risque de baisse de l'action. La couverture de la position est limitée au crédit initial.

Les ratios apparaissent donc comme des stratégies très souples puisqu'ils se situent à la frontière entre les constructions haussières et baissières.

Ils présentent l'avantage d'être aisément modulables dans l'hypothèse où l'anticipation de l'opération sur le comportement du titre support évolue. Ainsi, les ratios peuvent être désarticulés et transformés en stratégies baissières et haussières.

Chapitre 9

LE TRADING : UNE SPÉCULATION CALCULÉE

par François Mainard

1. Qu'est-ce qu'une activité de trading ?

1.1. Les intervenants du marché

Comme nous l'avons entrevu dans les chapitres précédents, un marché financier est le lieu de confrontation de trois types d'intervenants dont le rôle et les intérêts sont complémentaires. Les intervenants sont :

– les investisseurs, dont la principale préoccupation consiste à investir à plus ou moins long terme en prenant le minimum de risques,

– les spéculateurs qui, acceptant de prendre des risques, assurent l'essentiel de la contrepartie des investisseurs,

– les market-makers [1] et arbitragistes qui apportent une liquidité et corrigent les aberrations de prix.

Le MONEP n'échappe pas à cette règle de fonctionnement. Néanmoins, concernant ce marché, il convient d'ajouter les précisions suivantes et qui sont par ailleurs spécifiques à de nombreux marchés d'options :

---

1. Les markets-makers (littéralement « faiseurs de marché ») sont aussi appelés teneurs de marché.

– L'investisseur se comporte quelquefois comme un spéculateur. En effet, l'achat d'un call long terme peut représenter pour celui-ci l'assurance d'un prix d'achat certain sur une valeur, ou la volonté de différer à l'échéance de l'option le montant total de son investissement.

De même, la limite est souvent bien floue entre l'investisseur vendant du put 775 sur Peugeot, car il conçoit tout à fait de payer Peugeot à ce prix là, et celui qui le fait dans un but de pure spéculation. En effet, la motivation des deux intervenants est de même nature : Peugeot vaut plus de 775 francs.

– D'autre part, si dans certains cas de marché particulièrement liquide (marché d'actions ou d'obligations), un investisseur peut trouver une contrepartie chez un autre investisseur, cela est rarement le cas sur le MONEP. La nouveauté et la taille encore modeste du marché d'options de Paris font que la contrepartie de l'investisseur ne peut être aujourd'hui assurée que par les market-makers et les spéculateurs.

Précisons que les market-makers tiennent une place prépondérante sur le MONEP. Ils assurent la cotation de toutes les séries d'options et ont l'obligation d'afficher des prix sur lesquels ils s'engagent à traiter. La place privilégiée qu'ils occupent leur permet d'opposer souvent un front commun aux ordres des investisseurs et d'en tirer les bénéfices qui en résultent.

C'est pourquoi, plutôt que d'adhérer à la structure classique de tout marché, on distinguera sur le marché dérivé qu'est le MONEP :

– L'intérêt réel (qui n'est pas obligatoirement lié à des opérations de couverture des risques, mais qui peut lui-même être une prise de risque) ; il représente l'essentiel de la gestion collective ; il concerne aussi dans certains cas des opérations financières.

– Les intervenants qui apportent une relative liquidité de marché que sont les market-makers. Ils sont la structure du marché, mais reportent sur le sous-jacent le risque pris sur le marché optionnel.

– Et une troisième classe d'intervenants qui, pour éviter le « ticket d'entrée » sur le marché tant qu'elle le pourra, sera amenée, entre autre, à exercer des fonctions de contrepartie sur des volumes non négligeables. Ces intervenants, que nous appellerons traders font l'objet de notre chapitre. Ils n'ont aucune obligation vis-à-vis du marché contrairement aux market-makers. Ils sont souvent intégrés dans des structures légères adossées à des groupes financiers importants qui assurent le risque et la couverture des opérations.

1.2. Une position exposée au risque

Le trader devra faire face à des difficultés de quatre types et trouver son positionnement par rapport à ces quatre obstacles. Il devra subir :

– Des intervenants disposant d'amples moyens. Il arrive ainsi fréquemment que la couverture des titres détenus par la gestion collective par la vente de calls ou l'achat de puts ne fasse décaler les cours cotés d'amples variations. Le trader, ayant assumé le risque de contrepartie dès le début des opérations de couverture, sera très certainement perdant sur les cours de compensation.

– L'existence de market-makers présents sur le marché, bénéficiant donc des meilleurs cours et de la possibilité d'afficher des « fourchettes » de prix visibles de tous les intervenants (de surcroît, simplement « indicatives » pour des échéances éloignées), ce que ne peut faire un trader « en ville » sous peine d'exaspérer ses intermédiaires par des ordres incessants.

– La moindre liquidité des marchés. Le trader ayant accepté de se porter contrepartie, devra, à terme, « déboucler » sa position et subir en conséquence l'existence d'écarts importants entre les prix acheteurs et vendeurs. Dans le cas d'une prise de position sur le marché, il devra subir ce manque de liquidité à l'aller et au retour.

– La non-maîtrise de l'exécution des ordres, excepté le cas rare où l'activité de trading se situe dans une société de bourse. Dérisoire en apparence, ces problèmes techniques ou de liquidité sont les forces de frottement qui, bien souvent, annulent l'intérêt économique de l'activité.

Pour dégager un résultat significatif, le trader se pliera donc à une certaine discipline :

– Il devra être reconnu par les activités de « sales » de la place comme contrepartie et accepter en conséquence d'en assumer certains devoirs (proposer, dans la grande majorité des cas, un prix acheteur ou vendeur ferme pour des quantités non négligeables). C'est son accès principal au marché.

– Il acceptera en conséquence, des positions de risque importantes (on ne reviendra pas sur les notions d'effet de levier).

– Il lui sera donc exigé un taux de profit élevé sur ses positions moyennes ou limites de position.

2. Principes généraux

Respecter tant l'analyse fondamentale que l'analyse technique

Le « book » du trader, c'est-à-dire l'ensemble de la stratégie qui constitue sa position, est en fait une somme de probabilités de gains et de pertes potentiels. Très souvent les bénéfices de plusieurs opérations seront annulés par les pertes d'une seule. Celle-ci est d'ailleurs souvent prévisible par le fait qu'elle présentait au départ plus de potentiel de pertes que de gains.

Ainsi, un des principes essentiels, notamment pour le vendeur d'options, consistera à ne jamais s'engager contre l'opinion qu'il possède sur la valeur en terme d'analyse fondamentale. Il y a toujours plus à gagner à miser sur une tendance générale qu'à tenter de profiter des réactions de marché. Au cours de l'année 1989, sans doute un trader agissant ainsi n'aurait-il souffert que de la baisse de Peugeot en fin d'année, ce qui reste tout à fait raisonnable.

Il faudra agir de même vis-à-vis des données de l'analyse technique. Car, que l'on attache une réelle valeur ou non à cette aide à la décision, le comportement des opérateurs, et donc le cours des options, en découlent parfois. On ne sous-estimera pas ce phénomène d'auto-suggestion.

Ne pas négliger l'aspect trésorerie

En dehors des raisonnements traditionnels qui relèvent de la théorie générale des options, on se bornera à surveiller l'aspect particulier de la trésorerie liée aux reports de position sur les actions.

On notera ainsi que dans le calcul des taux à utiliser pour le calcul de la prime théorique des options, et du fait notamment des mécanismes d'arbitrage sur les valeurs sous-jacentes de l'indice CAC 40, c'est non le taux de référence du jour de négociation jusqu'au terme de celle-ci que l'on retiendra, mais plutôt une fourchette de taux probables. Ainsi les taux de référence pour 1989 ont-ils été compris entre le demi-taux et le taux moyen des reports (à multiplier bien sûr par le nombre de liquidations jusqu'au terme).

Etre avant tout vendeur d'options

Les études statistiques dans ce domaine prouvent que, dans une très grande majorité des cas, c'est le vendeur d'options qui a réalisé le côté favorable de l'opération. Le principe vaut, cela va de soi, tant pour la vente d'options en couverture que pour les positions « sèches » et tant pour les calls que pour les puts.

Evidemment, le choix du moment auquel s'effectue la vente est capital. Celle-ci doit avoir lieu, tant que possible, à « contre-marché », au moment où la demande des spéculateurs ou des investisseurs entraîne à la hausse le prix des options. De plus, et l'expérience le prouve, c'est lorsque les volumes sont élevés que le vendeur obtiendra les meilleurs cours : dans l'heure d'ouverture du marché, en début d'après-midi à l'ouverture des marchés américains, ou bien le jeudi et encore mieux le vendredi soir (il bénéficie d'ailleurs déjà, dans ce cas, de trois jours de valeur-temps jusqu'au lundi). Ceci est d'autant plus vrai à l'approche des échéances.

Ne pas être systématiquement vendeur

Si la vente d'options est structurellement rentable, on évitera cette stratégie dans trois cas :

– lorsque la valeur est particulièrement spéculative,

– sur les échéances éloignées et lorsque les primes sont faibles,

– sur des options déjà survendues, et ce, quelle que soit l'optique fondamentale.

On sera enfin de préférence vendeur de puts, si la tendance long terme du marché est haussière, vendeur de calls si la tendance est baissière, voire vendeur de « stellages » si elle est neutre. A ce sujet, des études élaborées sur les marchés américains prouvent que l'investisseur ayant vendu régulièrement des puts échéance trimestrielle, depuis une dizaine d'années, sur un portefeuille actions, reste très largement bénéficiaire en dépit du krach d'octobre 1987.

Adopter une stratégie tout à fait différente selon les valeurs

Il faut distinguer :
– les valeurs spéculatives sous-évaluées ou à leur juste prix,
– les valeurs spéculatives surévaluées,
– les valeurs dites de « fonds de portefeuille ».

Sur le premier type de valeur, on favorisera la prise de positions sous la forme d'achats de calls ou de ventes de puts dans un marché calme (rappelons que la valeur ne doit pas être surévaluée ni même « tendue »). Ces positions seront systématiquement vendues à l'occasion de la première agitation, sur des cours en hausse. Il convient, sur ces valeurs instables, d'être modeste et de prendre ses bénéfices dès que possible en se contentant de gains quelquefois modestes.

Sur les valeurs spéculatives surévaluées, pour lesquelles les options sont souvent très chères, on pourra prendre des positions du type call ratio (achat d'un call de prix d'exercice, ni trop proche ni trop éloigné du pair, vente de plusieurs calls plus éloignés, le tout générant un « crédit ») au bénéfice d'une flambée spéculative sur les cours des options. Les calls les plus éloignés sont souvent, dans ce cas, les plus chers, il convient donc de profiter de cette situation en limitant son risque. La moindre accalmie de la tension sur la valeur rendra la stratégie infailliblement rentable.

Sur les valeurs de fonds de portefeuille, on se contentera d'adhérer au fondamental, de se situer autour d'un prix théorique de l'action au vu de la tenue du marché et de s'y tenir pour gérer sa position. Sauf différence sensible entre le fondamental et le cours coté, on opèrera systématiquement en vente d'options, quitte à rechercher, en période d'incertitude, une couverture, par l'intermédiaire d'achats d'options similaires sur l'indice boursier, beaucoup moins chères théoriquement, en terme de volatilité. La vente de stellages sur ces valeurs, par marché calme et au sortir d'une période agitée, s'avère une excellente stratégie.

S'intéresser avant tout aux fortes primes (donc aux options les plus dans la monnaie)

L'expérience et les études menées sur différents marchés actions apportent un certain nombre d'éléments plaidant pour la vente de primes plutôt dans la monnaie.

En effet, la vente de petites primes n'est conseillée que dans deux cas précis. D'une part, lorsque les échéances sont nombreuses dans le temps (mensuelles, par exemple) et permettent de profiter avantageusement de la perte de la valeur-temps près du terme : ainsi pourra-t-on raisonner sur le marché des options sur indice CAC 40. D'autre part, lorsqu'on approche de l'échéance d'une option : à ce moment et généralement sur la journée même du terme, les cours des options à la monnaie ou très légèrement en dehors de la monnaie, s'écartent totalement de leur prix théorique et bénéficient de tensions spéculatives du fait de l'existence d'effets de levier importants. Dans tous les autres cas, on évitera la vente de ces primes qui sont peu attractives en termes de rentabilité/risque. Pour l'acheteur de « petites primes », si le raisonnement est inversé (coupe rentabilité/risque plutôt favorable), il nécessite en revanche un univers temporel et financier large. Nous entendons par là le fait que cette stratégie, pour être rentable, peut impliquer durant de longues périodes des achats systématiques à fonds perdus sur des séries d'options en dehors de la monnaie qui ne trouvent leur justification qu'en attente de périodes très agitées.

Confirmant ces simples constatations statistiques, l'analyse du couple rentabilité/risque, dans le cas de vente régulière de primes prouve que l'on obtient un ratio optimum pour des options proches de la monnaie. Le ratio, basé sur la moyenne et l'écart-type de la rentabilité de la stratégie, vaut par comparaison avec les données similaires des produits financiers classiques. Ajoutons enfin que, comparativement aux faibles primes, les fortes primes coûtent proportionnellement moins chères en termes de frais (coûts administratifs, de back-office, commissions de compensation etc...). C'est un point non négligeable.

3. Un maître mot : la volatilité

Nous avons jusqu'ici distingué un certain nombre d'indices susceptibles de guider le trader dans ses prises de positions (fortes primes/faibles primes, valeurs spéculatives/valeurs de fond de portefeuille...). Nous avons également évoqué quelques principes de base (respecter l'analyse fondamentale, se porter plutôt vendeur de primes...). Cependant, si le respect de ces règles permet d'augmenter les probabilités de profits, ceux-ci seront très largement diminués par une mauvaise anticipation des volatilités implicites des options. Dans ce domaine il convient également de suivre un certain nombre de logiques simples.

Volatilité historique contre volatilité implicite

– Relativiser l'importance du parallèle entre la volatilité historique et la volatilité implicite.

Beaucoup d'intervenants, notamment parmi les market-makers, fondent leur activité sur l'observation de l'écart qui existe entre la volatilité historique des actions et la volatilité implicite des options correspondantes. Il existe cependant dans ce domaine des aberrations qui, malgré l'intervention d'arbitragistes ne sont jamais corrigées et dont les causes sont plus fondamentales que techniques. De même, dans des marchés très agités, les options réagissent souvent plus brutalement que leur support et supportent une bonne partie de la spéculation, ce phénomène engendrant une déconnexion des volatilités historiques et implicites. Il n'est sans doute pas besoin de se rappeler ce qu'a pu coûter les stratégies systématiquement vendeur de volatilité sur Eurotunnel ainsi que lors du « mini-krach » d'octobre 1989 (soulignons que le vendredi précédent, les puts se négociaient à un inhabituel « 30 % » de volatilité).

– Garder cependant un œil sur la volatilité historique.

Si les volatilités historiques permettent de fixer des repaires utiles, il est dangereux de systématiser la vente d'options dont la volatilité implicite présente une surcote importante.

L'expérience montre, par contre, que l'achat d'options dont la volatilité implicite est en dessous de la volatilité historique peut être systématisé dans le cas de valeurs spéculatives non surévaluées.

Arbitrage entre volatilités implicites sur une même classe d'options

Pour clore ce sujet, précisons juste que, malgré ce que nous venons de dire, les volatilités historiques permettent de fixer des repaires. La volatilité implicite a toujours connu un niveau historiquement bas avant les grands mouvements baissiers. Enfin, on conscillera l'achat systématique d'options dont la valeur implicite se situe au-dessous de la valeur historique, sauf, bien sûr, dans le cas où la valeur sort d'une période agitée due à des causes révolues. Dans ce dernier cas, il faudra :

• Vendre des primes dès la fin certaine d'une période d'agitation sur une valeur. Nous fonderons notre raisonnement sur la constatation suivante : les volatilités implicites baissent beaucoup plus lentement qu'elles ne montent. C'est sur ce même raisonnement que l'on pourra acheter systématiquement les primes peu chères en termes de volatilité sur les valeurs spéculatives non surévaluées sur le marché. De manière générale, et sans que rien ne puisse le prouver, nous préférons vendre des primes sur des niveaux de volatilité hauts et déjà en décroissance que sur des volatilités en croissance quel qu'en soit le niveau.

• Ne pas se fier aux écarts apparents de volatilité entre différentes séries d'une même classe d'options. Nous justifierons cette affirmation par plusieurs remarques :

– un écart favorable de volatilité de plusieurs point entre deux séries peut se solder rapidement par une perte en valeur absolue. Il suffit pour cela que le niveau général des volatilités implicites traitées sur la classe d'options soit modifié sensiblement et ceci même si l'écart des volatilités entre les deux séries tend à se resserrer. N'envisageons même pas un décalage des cours du support ;

– les volatilités entre options « out of the money », « at the money » et « in the money » restent un indicateur relatif. Comme nous l'avons déjà expliqué, il est plus juste de s'intéresser au couple risque/rentabilité. Bien sûr, et malheureusement, celui-ci est beaucoup plus difficile à quantifier ;

– ces volatilités n'ont plus grand chose de significatif aux abords même de l'échéance ;

– enfin, les volatilités des cours vendeurs amputés des frais de négociation et des cours acheteurs augmentés de ces mêmes frais, sont souvent très éloignées de ce qu'elles sont en prix nets.

• Ne pas se fier aux écarts de volatilité entre échéances. En plus de toutes les remarques précédentes, nous devons apporter ici un fait nouveau : du fait de l'existence d'échéances, le marché des options est un marché « segmenté » dans le temps. Et il l'est d'autant plus que ne pouvaient l'être les marchés obligataires par exemple, qu'il est très difficilement arbitrable. Disons qu'il est tout au plus « régulé » et que cette régulation est rarement un investissement payant. Aussi, le trader ne se lancera-t-il pas, sauf aberration, dans une telle activité et se contentera-t-il de considérer qu'il a affaire à deux marchés proches mais distincts. Cette conviction est d'autant plus forte que, nous le savons, le comportement d'options à échéance lointaine et d'options à échéance proche est parfaitement différent. A ce sujet, nombre d'opérateurs s'opposent pour savoir s'il convient de payer plus ou moins cher la volatilité d'une échéance lointaine par rapport à celle d'une échéance proche. Force est d'avouer ici la difficulté que nous avons à apporter une réponse précise. A peine pouvons-nous faire part de quelques remarques :

– les émissions de calls et de puts sur l'indice CAC 40 et sur les actions sur des échéances de un an et demi et plus ont eu lieu à des niveaux de volatilité relativement élevés ;

– du fait du moindre écoulement de la « valeur-temps » sur les échéances lointaines, il existe peu de vendeurs d'options long terme ;

– sur le MONEP, les volatilités à six et neuf mois sont très peu traitées, les prix sont donc peu significatifs ;

– cependant, sur ces échéances, la volatilité semble à priori moins élevée que sur des échéances plus courtes ;

– les taux de références des modèles ne sont pas forcément les mêmes à court et long terme.

• Faire attention au taux servant de référence dans les modèles d'évaluation.

Pour conclure ce chapitre, il est bon de souligner que l'activité de trading ne saurait se résumer en une liste de recommandations que le trader aurait à respecter scrupuleusement. Rien ne remplacera l'expérience que celui-ci aura acquise à travers ses interventions quotidiennes sur le marché. Cependant, le trader, aussi expérimenté qu'il soit, doit toujours garder à l'esprit les quelques principes simples que nous avons évoqué. Ils lui épargneront de commettre des erreurs élémentaires qui, en engendrant de lourdes pertes, grèvent bien souvent la performance d'un compte de trading.

QUATRIÈME PARTIE

LE MONEP : UN GÉNÉRATEUR D'ARBITRAGES

Lorsqu'un opérateur cherche à éviter l'inconfortable confrontation avec ce pari pascalien qu'est souvent l'activité boursière, diverses techniques dites d'arbitrage s'offrent alors à sa sagacité.

Certaines de ces dernières utilisent les techniques optionnelles et par conséquent, lorsqu'il s'agit d'arbitrages sur actions françaises, le MONEP.

Seront ici successivement présentés les arbitrages de volatilités entre MONEP et dérivés optionnels, les arbitrages de sous-jacents entre MONEP et différents supports, et enfin une forme particulière d'arbitrage : le market making.

Chapitre 10

ARBITRAGES DE VOLATILITÉ : LE MONEP CONTRE LES DÉRIVÉS OPTIONNELS

par Yann Gérardin

Dans les chapitres précédents, il a été précisé d'une part ce qu'est la volatilité et d'autre part que la profitabilité d'une stratégie option dépend très largement du crédit de volatilité obtenue lors de la mise en place de ladite stratégie. Nous développerons ici cette notion de crédit de volatilité en évoquant les arbitrages entre produits à techniques optionnelles. Nous nous intéresserons aux activités issues de la confrontation entre le MONEP et le marché des bons et obligations convertibles, puis entre le MONEP et le marché des stellages.

1. Bons et obligations convertibles contre MONEP

1.1. Bons de souscription

1.1.1. Rappels généraux

Un bon de souscription donne la possibilité mais non l'obligation d'acheter durant un certain laps de temps (durée de vie du bon) une action à un certain prix (prix de souscription). Le bon peut donc être assimilé sans abus à une option américaine (exerçable à tout moment) non ajustée lors des versements de dividendes et de durée de vie importante. C'est cette dernière caractéristique qui différencie le plus l'option du bon. En effet, alors que l'échéance la plus lointaine d'une option sur action traitée sur le MONEP est de 9 mois, le bon est en règle générale émis pour une durée de vie de trois à cinq ans. Les trois caractéristiques énoncées ci-dessus rendent la valorisation des bons délicate, aucun des modèles couramment utilisés (méthode actuarielle, Black et Scholes, Cox et Ross, Whaley etc...) par les émetteurs ou les opérateurs de marché n'apportent de réponses totalement satisfaisantes. Néanmoins, l'expérience permet de dégager les grandes tendances suivantes entre les modèles d'évaluations :

– la méthode actuarielle peut à la limite définir une valeur plancher du bon ;

– Whaley surévalue les bons d'échéance courte par rapport à Black et Scholes et sous-évalue les bons d'échéance longue toujours par rapport à Black et Scholes ;

– Cox et Ross donnent des valeurs supérieures à toutes les autres méthodes.

Ainsi, à la fin 1988, il était possible de trouver des résultats très divers ainsi qu'en témoigne le tableau 36.

Tableau 36.
Les différentes méthodes d'évaluation

Bon de souscription	Méthode actuarielle	Black et Scholes	Cox. Ross	Whaley	Effectif
Accor	0,9	11,81	12,5	11,82	13,5
Paribas	0,58	36,4	41	39,3	31,5
Peugeot	198,1	413	446	417	368
St-Gobain	78	162	216	163	199

Enfin, si certains des paramètres que toutes ces méthodes requièrent sont aisément quantifiables (cours du support, durée de vie, taux sans risque), d'autres comme la volatilité ou à un moindre chef les dividendes le sont plus difficilement. Ainsi, entre l'émetteur retenant pour ses calculs une volatilité calculée sur 250 jours de bourse de manière à cristalliser l'effet durée et l'opérateur soucieux d'insuffler au bon de souscription un peu des mouvements de court terme intégrant pour ses estimations une volatilité calculée sur 20 jours de bourse, les différences sont parfois notables ! Or, c'est le métier même de l'arbitragiste que d'exploiter ces différences.

1.1.2. Préparation de l'arbitrage

Trois phases à ce stade peuvent être distinguées : l'évaluation de la volatilité, la définition des deltas, la comparaison des résultats. L'opérateur arbitragiste se doit dans un premier temps :

– d'avoir étudié toutes les méthodes d'évaluations,

– d'élaborer un modèle de détermination de la volatilité « satisfaisant » (par simple pondération des différentes volatilités historique),

– de calculer un résultat par méthode, ce qui lui permet de « cerner » la valeur du bon.

Ensuite, il devra déterminer le delta du bon et procéder de même avec les options cotées sur le MONEP. Dans un troisième temps, enfin, il s'efforcera de comparer les résultats obtenus les uns aux autres. Il ne pourra alors réaliser l'arbitrage que dans les cas résumés dans le tableau 37.

Tableau 37.
Arbitrage bon de souscription contre MONEP

	Option sous-cotée	**Option correctement cotée**	**Option sur-cotée**
Bon sous-coté	X	Arbitrage	Arbitrage
Bon correctement coté	X	X	Arbitrage
Bon sur-coté	X		X

1.1.3. Mise en place de l'arbitrage

Toutefois, il ne doit en aucun cas mettre son arbitrage en place immédiatement mais plutôt en respectant les étapes suivantes :

– vérifications techniques et boursières ;

– mesure du risque ;
– élimination de l'arbitrage fictif ;
– décision d'arbitrage.

La première étape consiste à procéder aux différentes vérifications techniques et boursières, à savoir :

– lire attentivement la note COB au moment de l'émission du bon de souscription ;

– relire les dernières notes officielles sur la valeur (dividende) ;

– parcourir quelques études récentes sur l'entreprise afin d'essayer de clarifier son avenir boursier immédiat ;

– étudier l'histoire récente du bon (liquidité) et de l'option (position ouverte) ;

– construire les différentes évolutions de la position.

Pour éviter les risques élémentaires, l'opérateur doit s'efforcer de :

– ne pas construire de lignes trop importantes et éviter ainsi de ne plus pouvoir défaire sa position qu'avec un autre arbitragiste ;

– mettre en jeu des montants de capitaux le plus proche possible de manière à couvrir d'une part le coût de portage du bon et d'autre part un éventuel effondrement du marché ;

– s'assurer qu'en cas de forte hausse du titre sous-jacent la perte encourue ne soit pas trop grande.

Par ailleurs, l'opérateur doit étudier la pertinence de l'arbitrage envisagé afin de ne retenir que les plus performants. Prenons l'exemple suivant : un bon de souscription X de prix d'exercice 630 possède un prix de marché de 170 francs. L'exercice de ce bon fait ressortir un prix d'achat du titre X à 800 francs. La volatilité implicite de ce bon est de 15 %. Sur ce même titre X est cotée une option d'achat de prix d'exercice 640 avec un prix de marché de 20 francs et une volatilité implicite de 27 %.

La vente de cette option d'achat fait apparaître un prix de vente du titre X à 660 francs.

D'apparence intéressante en raison d'un écart de volatilité important, la stratégie consistant à acheter le bon et vendre l'option dans un rapport de cent pour un ne peut être considérée comme un arbitrage pertinent mais plutôt comme un succédané de l'achat de titre et de la vente d'un call en couverture.

En effet, les montants en jeu sont par trop dissemblables (170 francs contre 20 francs), le risque à la baisse est donc important (150 francs à l'extrême). De même, les prix d'achat et de vente sont très éloignés (140 francs de perte possible). La position ne saurait donc être retenue comme un arbitrage. Si rien n'explique ou ne légitime les écarts importants de volatilité entre bon et option, l'opérateur peut s'adonner aux délicieux plaisirs de l'arbitrage qui se résument le plus souvent en un achat de bon et une vente de calls en delta plus ou moins neutre. En voici une illustration :

– Action : 470, dividende tombé,
– Bon : échéance 31 juillet,
prix d'exercice 500 francs,
prix du bon 5 francs,
– Call : échéance 30 juin,
prix d'exercice 520 francs,
prix de l'option 7 francs.

L'achat du bon et la vente des calls dans un rapport de un pour un donnent lieu aux évolutions suivantes :

Phase 1		**Phase 2**
De la mise en place de l'arbitrage à l'échéance de l'option.		De l'échéance de l'option à l'échéance du bon.
	Cas n° 1 Action < 500 F	
L'option meurt sans valeur.	Gain = 2 F	Le bon meurt sans valeur.
	Cas n°2 Action < 520 F	
L'option meurt sans valeur.	Gain > 2 F	Le bon peut être revendu début juillet.
	Cas n° 3 Action > 520 F	
Débouclage de toute l'opération à la valeur intrinsèque.	Gain = 22 F	

1.2. Obligations convertibles contre MONEP : un cas difficile

1.2.1. Rappels généraux

« L'obligation convertible est une obligation classique assortie d'un droit pour le porteur d'échanger l'obligation contre une ou plusieurs actions de la société émettrice durant une période donnée et sur une base d'échange fixée ». L'obligation convertible a souvent été décomposée en deux parties distinctes :

– tout d'abord, la valeur nue qui est en fait l'obligation classique avec coupons à un certain taux, échéance fixée et remboursements étalés dans le temps,

– ensuite, deux options dont l'une permet au détenteur de convertir son obligation en actions et l'autre à l'émetteur de rembourser son obligation.

Le travail classique de l'opérateur revient en fait à évaluer ces deux parties et à les sommer ce qui est autrement plus compliqué que la déjà délicate évaluation d'un bon de souscription. En conséquence, les cours des convertibles cotés en bourse de Paris ou observés sur l'euromarché surprennent fréquemment le théoricien qui en appelle alors aux arbitragistes.

1.2.2. Mises en place de l'arbitrage

L'ensemble des étapes expliquées lors de la présentation des arbitrages bons/MONEP doivent être suivies. Toutefois l'obligation convertible a ses particularités. En effet, prenons l'étude de la convertible qui donne à l'opérateur les résultats suivants, mois après mois (cf. tableau 37).

Il lui est permis de constater que l'arbitrage convertible contre action dans un rapport d'une pour une a été immanquablement perdant. Il faut en effet, là encore, tenir compte du delta de la convertible, or celui-ci est souvent peu fiable (étroitesse du marché). Sachant que le modèle indique un delta de 0,5, l'opérateur constate à nouveau avec dépit que l'arbitrage entre la convertible et l'action dans un rapport d'un pour 0,5 ne lui aurait pas permis de gagner de l'argent significativement. En revanche, la vente de call at the money ou légèrement out (delta de 0,5) en mars puis en juin (20 francs dans les deux cas) lui aurait permis de faire un gain raisonnable, à condition que la position soit particulièrement bien suivie... Toutefois, il est difficile de considérer ces positions comme un arbitrage et il est préférable de les aborder comme une prise de position couverte sur une obligation convertible.

Tableau 37.
Etude d'une obligation convertible

	Cours action moyen	Volume action moyen	Cours OC moyen	Volume OC moyen	Cours théorique moyen
Février	368	125.000	450	13.000	470
Mars	420	180.000	480	23.000	500
Avril	415	115.000	460	12.000	438
Mai	430	195.000	485	26.000	502
Juin	420	175.000	490		505

2. Stellage contre MONEP

2.1. Rappels généraux

Un stellage, au sens initialement utilisé en Bourse de Paris, est un contrat entre deux intervenants par lequel l'acheteur du stellage (X1, X2) avec X1 < X2 s'engage soit à vendre les titres sur lesquels portent le stellage au cours X1, soit à les acheter au cours X2, la décision quant au sens de l'opération lui revenant. Le vendeur du stellage s'engage quant à lui à vendre à X2 ou d'acheter à X1. Ces deux bornes sont fixées par le coteur de manière à encadrer le cours de l'action d'un pourcentage établi en fonction de la durée de vie du stellage selon des normes ne variant guère. Par exemple sur 6 mois ce pourcentage sera de – 15 % et de + 15 %. Ainsi, si l'action X cote 500 francs en liquidation T, il sera possible, à condition de trouver un acheteur et un vendeur, de coter le stellage suivant :

stellage T + 6[1] : 420 (500 - 16 %),
580 (500 + 16 %).

1. Un stellage peut être décentré.

Dans ce cas, l'acheteur du stellage aura les 6 jours de réponse des primes qui le sépare de l'échéance du stellage pour lever une des deux branches : soit acheter X à 580 ; soit vendre X à 420.

Il parie donc sur une forte variation des cours car si le titre cote 500 le jour de l'échéance, il perd 80 par titre. Inversement, le vendeur du stellage saura le lendemain d'un des six jours de réponse des primes sous contrats s'il doit vendre X à 580 ou acheter X à 420. En vendant ce stellage, il a donc parié sur une relative stabilité des cours autour du centre. On constate donc que le stellage a des caractéristiques si proches de stratégies réalisables sur le MONEP, à savoir straddles (achat d'un call et d'un put de même échéance et même prix d'exercice dans le cas d'un achat de straddle) et strangles (achat d'un call et d'un put de même échéance et de prix d'exercice différents dans le cas d'un achat de strangle) (cf. chapitre 6) qu'il doit être possible de les arbitrer.

2.2. *Mise en place de l'arbitrage*

Ces arbitrages qui consistent en l'occurrence à :
- acheter le stellage, vendre le straddle MONEP,
- acheter le straddle MONEP, vendre le stellage,
- acheter le stellage, vendre le strangle MONEP,
- acheter le strangle MONEP, vendre le stellage,

sont en fait à nouveau de simples arbitrages sur écarts de volatilité entre produits similaires cotés sur des marchés différents.

Dans le cadre de ce chapitre, nous étudierons d'une part l'achat du stellage et la vente du straddle (stellage MONEP) et d'autre part l'achat du stellage et la vente du strangle.

2.2.1. *Achat du stellage et vente du straddle (stellage MONEP)*

Par exemple, dans le cas de l'achat du stellage accompagné de la vente du straddle, on comprend intuitivement que la stratégie est d'autant plus intéressante que l'écart entre les bornes du stellage est faible et que le prix des calls et puts vendus sont élevés. En d'autres termes, l'opération consiste à acheter un stellage de faible volatilité (étroitesse des bornes) et à vendre un straddle de forte volatilité (prix élevés des calls et puts). Dans la mesure où il est impossible de trouver systématiquement des stellages centrés sur le prix d'exercice du straddle, il convient dans l'étude de la profitabilité de l'opération de distinguer deux cas, celui où le prix d'exercice (PE) est inférieur au centre du stellage (soit $PE < \frac{X1 + X2}{2}$) et celui où il lui est supérieur (soit $PE > \frac{X1 + X2}{2}$) avant de conclure en citant quelques exemples extraits d'une base de données.

– *Premier cas*

Le prix d'exercice du straddle (PE) est inférieur au centre du stellage $\frac{(X1 + X2)}{2}$, c'est-à-dire :

$$PE < \frac{X1 + X2}{2}.$$

Dans ce cas, nous aurons la représentation graphique suivante avec C représentant la prime du call, P la prime du put et I le taux d'intérêt sans risque sur 6 mois.

Graphique 33.

Stellage contre straddle $PE < \frac{X1 + X2}{2}$

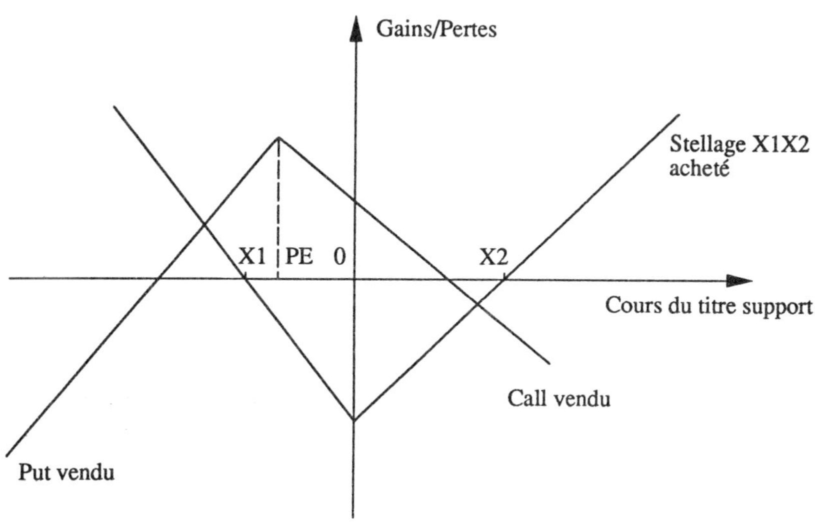

On obtient de manière immédiate et ce sans tenir compte des frais de transaction les points G1, gain en PE, et G2, gain en (X1 + X2) / 2.

Détermination de G1 :

G1 = (P + C) (1 + i) + X1 – PE.

En effet si la valeur support à l'échéance est inférieure (ou égale) au prix d'exercice, l'acheteur du stellage vendra le titre à la borne inférieure et touchera donc + X1, sera assigné sur la vente de son put et décaissera donc – PE. Enfin, il touchera le capital et les intérêts des options vendues, soit (P + C) (1 + i) (i est le taux d'intérêt sans risque).

Détermination de G2 :

G2 = (P + C) (1 + i) – X2 + PE.

Par le même raisonnement, si la valeur support à l'échéance est supérieure au centre de stellage, l'acheteur du stellage achètera le titre à la borne supérieure et paiera X2, sera assigné sur la vente du call et recevra PE, et touchera également le capital et les intérêts des options vendues.

Entre PE et (X1 + X2) / 2, le gain varie avec le cours de l'action linéairement entre G1 et G2. Nous pouvons donc sur le graphique 34 tracer la résultante de la somme des courbes du graphique 33.

Graphique 34.

Stellage contre straddle $PE < \frac{X1 + X2}{2}$

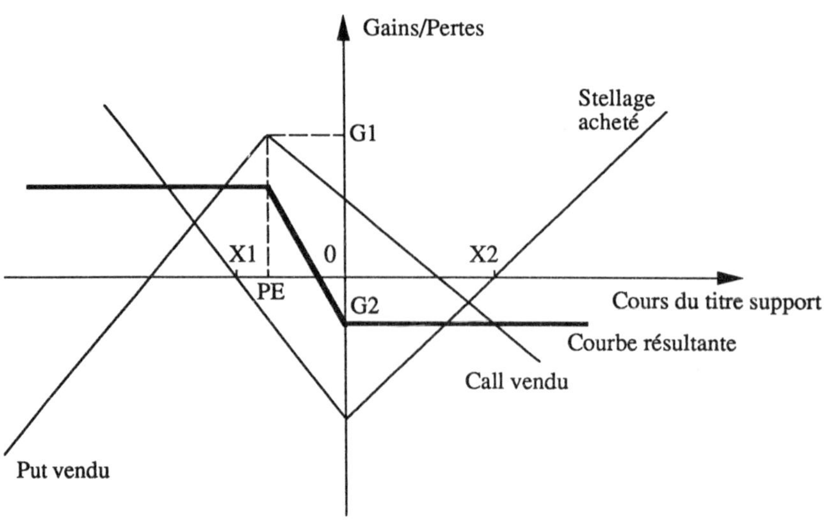

En conséquence, si G1 et G2 sont supérieurs à zéro, l'arbitrage peut être réalisé quasiment sans risques. Ces derniers pourront toutefois survenir lors d'une assignation prématurée ou dans la position existant entre le jour de la réponse des primes et l'échéance de l'option.

– *Second cas*

Le prix d'exercice du straddle (PE) est supérieur au centre du stellage $\frac{(X1 + X2)}{2}$, donc $PE > \frac{X1 + X2}{2}$.

La démarche est identique. Le graphique 35 résume le résultat obtenu.

Graphique 35.

Stellage contre straddle $PE > \frac{X1 + X2}{2}$

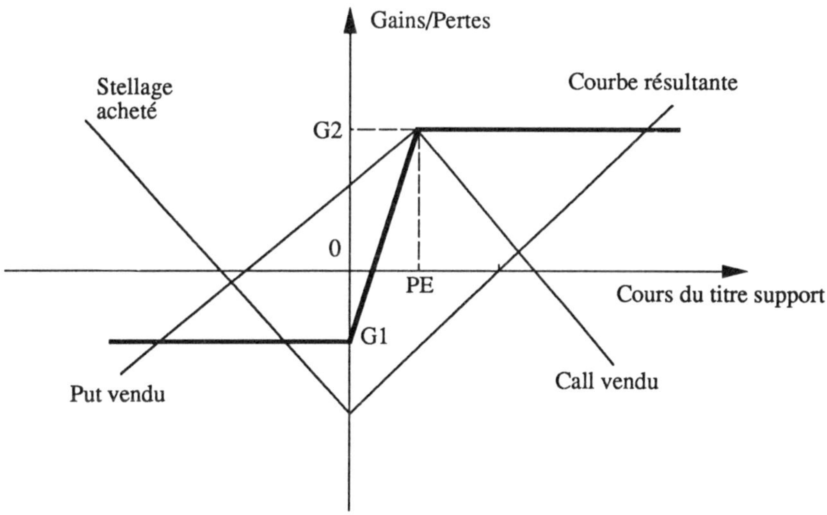

G1 = (P + C) (1 + i) + X1 – PE
G2 = P + C + PE – X2

Dans la pratique, l'expérience montre que l'arbitrage parfait est très rare. Le tableau 37 retrace l'ensemble des stellages cotés sur des valeurs supports entre le 22 décembre 1988 et le 17 janvier 1989 et dont le centre se rapproche de prix d'exercice d'options.

Tableau 37.
Stellages cotés sur les valeurs du MONEP

Tx 6 mois : 4,25 % – Frais options F : 1,30 % Frais A/V : 1,07 % – Frais options V : 0,10 F									Achat stellage + Vente straddle			
									PE < Centre		Centre < PE	
Date	Titre	Ech.	Bas	Haut	Centre	P.E.	C	P	→ PE	← Centre	→ Centre	← PE
22.12.88	Michelin	Juin	150	210	180	182	19,5	11			(4,15)	(0,75)
23.12.88	Michelin	Juin	149	209	179	182	20	11,5			(4,11)	1,29
23.12.88	Michelin	Juin	153	213	183	182	20	11,5	(0,15)	(2,75)		
23.12.88	Midi	Juin	1404	1850	1627	1550	156	110	97,95	(60,51)		
27.12.88	Peugeot	Juin	1150	1550	1350	1300	130	52	12,56	(91,44)		
28.12.88	Midi	Juin	1180	1680	1430	1550	155	100			(135,13)	99,87
28.12.88	Peugeot	Juin	996	1396	1196	1200	201	20			1,23	5,23
28.12.88	Thomson	Juin	189	261	225	200	37	5	28,12	(22,60)		
28.12.88	Thomson	Juin	189	261	225	240	14	25			(15,37)	13,91
29.12.88	Michelin	Juin	150	205	177,5	182	25	6			(3,63)	4,82
29.12.88	Michelin	Juin	155	210	182,5	182	25	6	1,32	(0,23)		
29.12.88	Michelin	Juin	155	215	185	182	25	6	1,32	(5,28)		
29.12.88	Michelin	Juin	158	218	188	182	25	6	4,29	(8,31)		
29.12.88	Peugeot	Juin	1100	1500	1300	1300	150	35	(33,85)	(37,85)		
29.12.88	Peugeot	Juin	1150	1550	1350	1300	150	35	15,65	(88,35)		
30.12.88	Peugeot	Juin	1100	1520	1310	1300	155	20	(44,14)	(68,34)		
30.12.88	Peugeot	Juin	1215	1625	1420	1300	155	20	69,71	(174,39)		
03.01.89	Michelin	Juin	149	209	179	182	30	8			2,58	7,98
03.01.89	Michelin	Juin	157	217	187	182	30	8	10,50	(0,10)		
03.01.89	Michelin	Juin	158	218	188	182	30	8	11,49	(1,11)		
03.01.89	Michelin	Juin	160	220	190	182	30	8	13,47	(3,13)		
03.01.89	Michelin	Juin	175	235	205	182	30	8	28,32	(18,28)		

03.01.89	Peugeot	Juin	1100	1520	1310	1400	120	53			(147,20)	28,60
03.01.89	Thomson	Juin	190	265	227,5	240	20	19			(14,38)	9,87
05.01.89	Peugeot	Juin	1135	1545	1340	1400	117	50			(118,72)	(2,82)
05.01.89	Peugeot	Juin	1150	1550	1350	1400	117	50			(103,87)	(7,87)
05.01.89	Peugeot	Juin	1200	1600	1400	1400	117	50	(54,37)	(58,37)		
05.01.89	Peugeot	Juin	1220	1620	1420	1400	117	50	(34,57)	(78,57)		
05.01.89	Peugeot	Juin	1220	1625	1422,5	1400	117	50	(34,57)	(83,62)		
05.01.89	Peugeot	Juin	1240	1650	1445	1400	117	50	(14,77)	(108,87)		
05.01.89	Michelin	Juin	153	213	183	182	31	5,6	5,10	2,50		
05.01.89	Michelin	Juin	170	230	200	182	31	5,6	21,93	(14,67)		
05.01.89	Michelin	Juin	170	230	200	218	13,4	24			(13,61)	21,79
05.01.89	Michelin	Juin	174	234	204	218	13,4	24			(9,65)	17,75
05.01.89	Michelin	Juin	175	235	205	218	13,4	24			(8,66)	16,74
05.01.89	ELF	Juin	340	550	445	400	25	18	(23,36)	(115,46)		
09.01.89	Peugeot	Juin	1250	1655	1452,5	1400	147	33	8,50	(100,55)		
09.01.89	Lafarge	Juin	1235	1660	1447,5	1400	220	12	47,16	(52,09)		
09.01.89	Michelin	Juin	170	230	200	182	29	5	19,26	(17,34)		
09.01.89	Michelin	Juin	170	230	200	218	14	24			(12,99)	22,41
11.01.89	Peugeot	Juin	1200	1600	1400	1400	140	40	(41,00)	(45,00)		
11.01.89	Peugeot	Juin	1250	1650	1450	1400	140	40	8,50	(95,50)		
11.01.89	Peugeot	Juin	1250	1655	1452,5	1400	140	40	8,50	(100,55)		
11.01.89	Lafarge	Juin	1234	1661	1447,5	1400	215	13	42,05	(57,22)		
11.01.89	Lafarge	Juin	1299	1725	1512	1400	215	13	106,40	(121,86)		
11.01.89	Thomson	Juin	210	280	245	240	19,5	17,8	3,67	(7,03)		
11.01.89	Thomson	Juin	212	279	245,5	240	19,5	17,8	5,65	(6,02)		
11.01.89	Michelin	Juin	165	225	195	182	26	8	14,31	(12,29)		
11.01.89	Michelin	Juin	170	230	200	182	26	8	19,26	(17,34)		

On constate que les stratégies d'arbitrage sans risque, sans être omniprésentes, existent malgré tout.

2.2.2 Achat d'un stellage, ventre d'un strangle

Dans la mesure où cette stratégie, vu la faiblesse des primes reçues ne donne pas lieu à des arbitrages sans risque, nous ne l'étudierons pas dans le détail et présenterons simplement l'exemple suivant (cf. graphique 36) :

– Achat du stellage Compagnie du Midi 1197 / 1701,

– Vente du call 1650 mars Vente du put 1350 mars

Graphique 36.
Stellage contre strangle

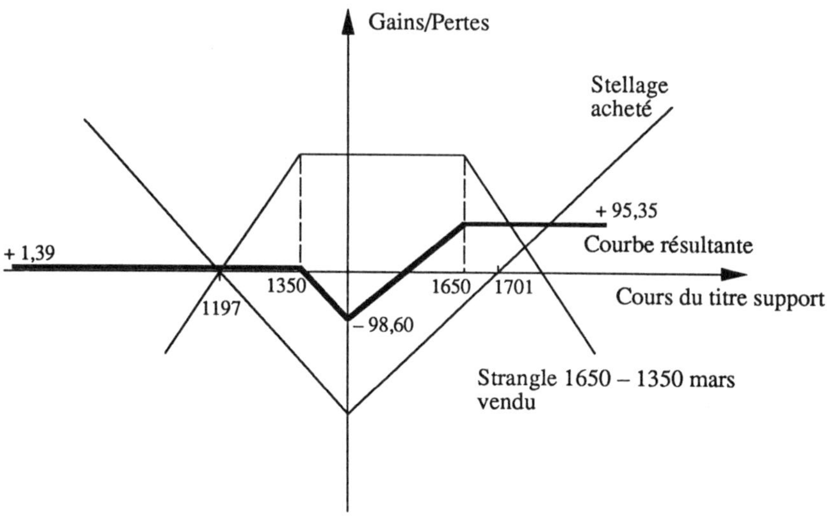

En fait, lorsque l'opérateur met en place une telle stratégie, il se donne la durée de vie du stellage pour financer la perte latente (en cas de stagnation ultime du titre) par exemple en rachetant call et/ou put et revendant d'autres options en fonction de l'évolution des cours du sous-jacent. Il s'agit donc ici plutôt d'une spéculation bordée que d'un arbitrage.

Chapitre 11

ARBITRAGES ET PRODUITS DÉRIVÉS : UTILISATION DES SYNTHÉTIQUES

par Yann Gérardin

La combinaison de calls et de puts permettant, sous certaines règles, de recréer un actif acheté ou vendu, les options peuvent devenir la pierre philosophale de l'arbitragiste.

1. Les synthétiques

Il est possible d'acheter ou de vendre synthétiquement une valeur.

1.1. L'achat synthétique - Conversion

L'achat du call et la vente simultanée du put créent une position acheteur de titre.

Ainsi, sachant que le report sur X est à chaque liquidation de 1 franc, il est équivalent début mai de procéder à :
– l'achat du titre X à 100 francs ou à :
– l'achat du call X 100 juin à 4 et la vente du put X 100 juin à 2.

En effet, les prix de revient sont identiques.

– Prix de revient fin juillet de l'achat du titre :
PR = Prix d'acquisition + Reports soit 102 = 100 + 1 + 1.

– Prix de revient de l'achat du titre synthétique :
PR = PE + C – P soit 102 = 100 + 4 – 2.

Ceci tient compte du fait que le titre sera acheté car si, à l'échéance, le sous-jacent vaut moins que le prix d'exercice des options, le put vendu sera assigné et l'opérateur sera acheteur du titre et si, à l'échéance, le sous-jacent vaut plus que le prix d'exercice des options, le call acheté sera exercé et l'opérateur sera acheteur du titre.

Toutefois si à l'échéance le sous-jacent est égal au prix d'exercice des options, l'opérateur est en risque, car il ne sait s'il sera assigné ou s'il doit exercer son option.

1.2. La vente synthétique - Reversion

L'achat du put et la vente simultanée du call créent une position vendeuse de titre. Ainsi sachant que le report sur X est de 1 franc, il est équivalent, début mai, de procéder à :

– la vente du titre à 100 ou à,

– l'achat du put X 100 jours à 2 et à la vente du call X 100 jours à 4.

En effet, et ce comme précédemment, les prix de revient sont identiques :

– Prix de revient de la vente du titre :
PR = prix de vente + trésorerie encaissée soit :
102 = 100 + 1 + 1.

– Prix de revient de la vente du titre synthétique :
PR = PE + C – P soit 102 = 100 + 4 – 2.

Ceci tient compte du fait que le titre sera vendu car si, à l'échéance, le sous-jacent vaut moins que le prix d'exercice, le put acheté sera exercé et si à l'échéance le sous-jacent vaut plus que le prix d'exercice, le call vendu sera assigné.

Toutefois, si à l'échéance le titre est égal au prix d'exercice des options, l'opération est de nouveau en risque.

1.3. Achats et ventes synthétiques au quotidien : le teneur de marché

Le teneur de marché doit donner en permanence à la disposition du public un prix acheteur et un prix vendeur pour chaque prix d'exercice et chaque échéance d'options de la classe sur laquelle la société de compensation des marchés conditionnels l'a agréé. Sa fonction est donc d'assurer une liquidité potentielle qui n'existerait pas sans sa présence tant les séries sont nombreuses (jusqu'à 80 sur le CAC 40).

La rémunération du teneur de marché est principalement constituée de la différence entre son prix acheteur et son prix vendeur.

Dans la réalité, le fait de devoir traiter les intérêts que le marché lui présente le conduit à gérer une « position option ». C'est à ce titre qu'il devient un grand consommateur de synthétiques. En effet, en simplifiant abusivement, le teneur venant d'effectuer une opération s'efforcera de la compléter de manière à créer un synthétique qu'il couvrira aisément en opérant sur le titre. Ainsi, le teneur venant d'acheter du call Saint Gobain 600 septembre essayera de vendre le put Saint Gobain 600 septembre, ce qui lui permettra d'annuler sa position (à quelques risques près) en vendant de l'action Saint Gobain sur le marché. Tout est alors affaire de prix.

L'arbitragiste cherchant à œuvrer par l'intermédiaire des synthétiques doit savoir qu'il aura à faire face aux exigences des teneurs de marchés (cette activité est développée dans le chapitre 12).

2. Mise en place de l'arbitrage

On distingue trois grandes familles d'arbitrage pour lesquelles le synthétique est utilisé : arbitrage contre dérivés actions, risque-arbitrage, indice arbitrage.

2.1. Arbitrage contre dérivés actions

2.1.1. Description

Les dérivés actions exposés précédemment tels que les bons de souscription ou les obligations convertibles cotent parfois sous leurs valeurs intrinsèques.

– Le bon de souscription

Lorsqu'un bon de souscription peut être acheté sous sa valeur intrinsèque, s'il est certes possible de procéder à la vente de call créant ainsi une position semi-arbitrée, l'opérateur procède le plus souvent à la vente synthétique du titre (alors assimilé à un emprunt de titres).

Par exemple, pour reprendre le cas précédent :
– t = 1er mai,
– X = 100,
– Report = 1 francs par liquidation,
– Call X 100 juin = 4 francs,
– Put X 100 juin = 2 francs.

Le bon de souscription B permet de souscrire à l'action X à 55 francs jusqu'au 30 juin, le détachement du dividende étant le 6 juin. Ce bon cote 40 francs.

L'opérateur peut agir de la sorte : achat du bon à 40, portage du bon de mai à juin et exercice du bon fin juin avec un coût approximatif de 2 francs. L'action nouvelle revient donc à :
PR = PE + B + coût de portage, soit : PR = 55 + 40 + 2 = 97

La vente synthétique sur échéance juin et liquidation juillet donne un prix de revente PV suivant :
PV = PE + C – P = Prix + Reports = 102.

L'arbitragiste peut ainsi dégager 5 francs.

– L'obligation convertible

La même opération peut être effectuée avec une obligation convertible. Ainsi, l'opérateur peut acheter une OC décotée et vendre l'action synthétiquement.

Soit une convertible x donnant droit à une action x jusqu'en 1992. Si la convertible vaut 95 alors que l'action vaut 100, l'opérateur pourra acheter l'obligation, la convertir et vendre synthétiquement l'action sur une échéance lui permettant d'être livré des actions nouvelles.

2.1.2. Les risques pris

Dans un cas comme dans l'autre, les seuls risques majeurs sont :

– que la valeur de l'action soit égale au prix d'exercice à l'échéance (ce qui n'est pas négligeable) ;

– de n'être pas livré de ses actions nouvelles en liquidation juillet (il faut donc s'assurer de la qualité du service financier de l'émetteur) ;

– de subir une forte hausse des taux entre l'opération et son débouclement (déconnexion entre le coût de portage et le crédit obtenue par vente synthétique).

En conséquence, ces arbitrages techniquement simples requièrent de l'arbitragiste une bonne lecture des notes à l'émission, une bonne connaissance des services financiers des banques ainsi qu'une excellente maîtrise des instruments de couverture sur taux.

2.2. Le risque arbitrage

2.2.1. Définition

Le risque arbitrage consiste à acheter une valeur considérée comme « opé-able ». En fait, ce qui différence le risque arbitragiste du « commis de bourse » est l'attention portée aux questions suivantes : le degré d'avancement de l'OPA ; la valeur de la compagnie ; les individualités en conflit ; le financement ; les problèmes légaux et réglementaires ; la défense de l'attaqué et les transactions récentes.

– Le degré d'avancement du dossier

Ces opérations suivent des étapes traditionnelles avant l'achèvement, étapes qui vont de la constatation de l'opposabilité d'une société à la clôture du dossier en passant par la rumeur, l'annonce de l'offre et de son financement, les réactions officielles, etc... L'opérateur doit avoir conscience des étapes et des risques d'échecs inhérents à chacune d'entre elles, en fonction des pays concernés tant les législations sont différentes.

– La valeur

Le risque arbitragiste doit évaluer l'entreprise de façon à savoir ce que l'attaquant peut être prêt à payer et distinguer de la sorte le prix du marché, le prix d'offre et enfin le prix d'offre ultime. Pour ce faire, il dispose des outils traditionnels de l'analyse financière (bénéfice par action, multiple) ainsi que des modèles plus récents de « Leveraged Buy-Out » et de recapitalisation.

– Les individualités en conflit

Le risque arbitragiste aidé de spécialistes, tels que des psychologues, doit constituer des bases de données relatives à la personnalité des attaqués possibles (comportement, part dans le capital, motivation, combativité supposées) des attaquants éventuels (expérience des OPA, but de l'achat et sensibilité de ce but au prix, rémunérations des conseillers habituels, celle-ci étant souvent fonction de la réussite de l'OPA.

– *Le financement*

Le risque arbitragiste doit s'interroger sur la capacité de l'attaquant à lever les fonds nécessaires à l'OPA.

– *Les problèmes légaux et les réglementations*

Le risque arbitragiste aidé en cela par des avocats d'affaires doit s'efforcer d'éclaircir les problèmes légaux et réglementaires pouvant empêcher la réussite de l'attaque.

– *La défense*

Le risque arbitragiste doit déceler la présence de « pilules empoisonnées » qui rendrait l'attaque indigeste.

– *Les transactions récentes*

En étudiant attentivement les transactions récentes, le risque arbitragiste peut constater le changement de main d'un pourcentage significatif du capital de l'entreprise, ce qui peut être un indice de déstabilisation de l'actionnariat.

2.2.2. La mise en place de l'arbitrage

Une fois que le risque arbitragiste a étudié tous ces points avec l'aide d'analystes financiers, de psychologues et de juristes, s'il considère qu'une société peut être attaquée, il peut mettre en place l'arbitrage suivant :

– achat progressif d'importantes quantités de titres,

– vente du titre synthétiquement en couverture,

– levée partielle (rachat du call) ou complète (rachat du call et revente du put) de la couverture, au fil de la progression de l'opération.

Cette technique, très largement utilisée aux Etats-Unis où des sociétés ne vivent que de cette activité, est encore peu connue en France. L'échec de l'opération tentée sur United Air Lines a d'ailleurs rappelé aux arbitragistes oublieux des dogmes (pas d'achat de puts) le bien-fondé de ceux-ci. Récemment des positions de ce genre ont été montées en grande quantité sur des valeurs telles que Connaught, Hilton ou ICI.

2.3. L'indice arbitrage

2.3.1. Rappels généraux

Cet arbitrage consiste à profiter du non-respect des bases théoriques devant exister entre un indice boursier et le contrat à terme coté sur cet indice ou entre cet indice et les options cotées sur ledit indice.

En effet, indice et future sont liées par la relation suivante :
Indices Actions – coût de trésorerie = Futures – Dividendes versés

D'autre part, les teneurs de marché sur option en indice calculent leur prix d'option par rapport aux futures (acceptant ce faisant le risque de taux) et il existe donc la relation suivante :

Actions – coût de trésorerie = A du call + V du put – dividendes versés

2.3.2. Mise en place de l'arbitrage

A Paris, l'indice boursier de référence est le CAC 40, calculé comme son nom l'indique sur 40 valeurs. Sur cet indice, sont cotés des options sur indice et un contrat à terme.

Indices, options et futures doivent respecter les relations précédemment établies. S'ils ne les respectent pas, un arbitrage semblable à tous les « cash and carry » ou « reverse cash and carry » du marché pourrait être mise en place. Ainsi les deux stratégies suivantes sont concevables :

– Achat des titres et vente synthétiques de l'indice

Dans le cas de base anormalement élevée traduisant le sentiment haussier des opérateurs et gestionnaires, il est possible d'acheter les 40 valeurs de manière à reconstituer l'indice CAC 40 (c'est-à-dire en respectant les pondérations prises en compte dans le calcul de l'indice et ce à la quotité machine prêt) et d'acheter le put en vendant simultanément le call sur indice, ce qui crée une position vendeur sur l'indice.

Les options étant évaluées par rapport à un futur cotant en base fortement positive, leurs combinaisons synthétiques permettent de vendre l'indice à terme plus cher que sa valeur théorique et donc d'isoler un profit d'arbitrage entre la valeur effective de l'indice CAC 40 et la valeur de vente de cet indice par l'intermédiaire des options.

– Ventes à découvert du titre et achat synthétique

Dans le cas de base anormalement réduite voire négative traduisant le sentiment baissier des opérateurs et gestionnaires, il est possible de vendre les 40 valeurs composant l'indice de manière à vendre cet indice tout en achetant simultanément celui-ci moins cher par l'intermédiaire des options.

En effet, les options étant évaluées cette fois par rapport à un futur cotant en base fortement négative, leurs combinaisons synthétiques (achat du call et vente du put) permet d'acheter l'indice à terme moins cher que sa valeur théorique et donc d'isoler à nouveau un profit d'arbitrage.

Toutefois, dans un cas comme dans l'autre, trois difficultés majeures doivent être prises en compte par l'arbitragiste :

– l'intégration adéquate du système des reports dans le calcul déterminant la base théorique (un certain nombre de valeurs étant reporté au pair) et la prise en compte du risque de taux entre l'arbitrage et la liquidation ;

– la bonne gestion de la mise en place de l'arbitrage (rapidité d'exécution et simultanéité) et de son débouclement ;

– le risque d'assignations prématurées. Ce risque est tel que la plupart des arbitragistes à l'exception des teneurs de marché des options sur indice (qui utilisent ces techniques au quotidien) préfèrent se couvrir grâce au contrat à terme.

Chapitre 12

ARBITRAGES À RISQUE : LE MARKET MAKING OPTION

par Yann Gérardin

Les techniques que nous venons d'exposer sont très souvent utilisées par les teneurs de marché sur options, ceux-ci évoluant en fait à la jonction des activités d'arbitrage et de spéculation.

Après avoir rappelé le rôle du teneur de marché, nous évoquerons en détail le passage du risque non contrôlé au risque arbitré.

1. Un opérateur indispensable et ambivalent : le teneur de marché

1.1. Un opérateur indispensable : l'apport de liquidité

Le risque d'un marché est étroitement corrélé à sa liquidité. En effet, plus une valeur mobilière est traitée, moins les négociations individuelles influent sur le processus de formation de son cours. En revanche, si ladite valeur est trop faiblement traitée, un dégagement, même minime, d'investisseur pèsera fortement sur son cours et à l'inverse, une petite vague d'achat le tirera tout aussi fortement. Lorsqu'une structure de market making est mise en place, celle-ci acceptera d'assurer à un certain prix la contrepartie de l'investisseur, ce qui évitera une variation par trop erratique du cours.

Dans le cadre des marchés sur options sur actions ou sur indice, il est, comme nous l'avons indiqué précédemment, difficile pour un investisseur de trouver une contrepartie naturelle sur le marché tant la diversité des prix d'exercice et d'échéances d'option est grande. La contrepartie devient donc indispensable.

1.2. Un opérateur ambivalent : prise de risque, neutralisation et rémunération de ce dernier

1.2.1. Prise de risque

Le teneur de marché assume donc le risque de proposer à tout moment un prix acheteur et un prix vendeur pour chacune des classes d'options. Cela permet, d'une part, aux intervenants de situer le niveau de prix de chaque option et, d'autre part, d'acheter ou de vendre cette même option.

Mais, ce faisant, le teneur de marché se trouve en risque. Ainsi, en cas de forte baisse, le marché est le plus souvent acheteur net de put ou vendeur net de call, le solde échouant in fine dans les positions des teneurs de marché.

1.2.2. Neutralisation du risque

Pour neutraliser ou « couvrir » ce risque, s'il désire ne pas l'assumer, le teneur de marché, de positionniste, se muera en arbitragiste, et annulera le risque par l'achat ou la vente d'autres options ou d'un équivalent support. Il modifiera ainsi le risque prix au départ, risque non volontaire, pour aboutir à un risque accepté. Cette capacité de transformation d'un risque pris en un risque accepté fait toute la différence entre un bon et un moins bon teneur de marché.

1.2.3. Rémunération du risque

La rémunération de cet apport de liquidité est théoriquement l'écart entre le prix acheteur et le prix vendeur du market-maker. Il convient de signaler à ce stade que plus la classe d'option est liquide, plus le market-maker a d'opportunités de couverture. Les risques pris sont alors moindre, le teneur de marché en tient compte lors de l'élaboration de ses prix et réduit en conséquence ses prix acheteur et vendeur.

En fait, ces derniers étant rarement touchés simultanément, c'est de la gestion de sa position options que le teneur de marché dégagera l'essentiel de sa rémunération.

2. Gestion d'une position teneur de marché

2.1. Gestion d'une position option : les indicateurs

Lors de la gestion d'une position option, les risques pris sont de cinq types : le sens du marché, la volatilité du sous-jacent, la sensibilité à l'évolution du temps, la volatilité implicite de la couverture et le risque de taux d'intérêt.

A chacun de ces risques correspond un indicateur de gestion. Déterminés en temps réel par les teneurs de marché les plus sophistiqués, ces indicateurs leur permettent de saisir en permanence si la position est risquée et, si oui, de définir la nature du risque pris et de sa taille. Ainsi informé, le teneur de marché peut annuler ou modifier le risque pris en fonction de ses anticipations.

Il convient donc de reprendre en détail l'étude des indicateurs de gestion qui a déjà été faite dans le chapitre 2, mais, cette fois-ci, sous l'angle spécifique des positions options de market makers.

Le sens du marché : le delta

La sensibilité au sens du marché (le teneur est-il acheteur ou vendeur ?) d'une position option est le risque le plus facilement gérable et ce grâce à la détermination du delta.

Le delta correspond à la dérivée première de la formule d'évaluation de l'option par rapport au cours de l'action. Il mesure donc la variation induite sur le cours de l'option par une variation du cours du sous-jacent. Plus l'option est dans la monnaie, plus le delta est proche de un ; plus l'option est hors de la monnaie, plus le delta est proche de zéro (cf. graphique 37).

Les deltas de différentes options détenues ou vendues étant sommables, il est aisé d'avoir l'équivalent support de la position.

Ainsi, un delta de 1 000 signifie que le teneur de marché est acheteur d'un équivalent de mille titres ou encore que si la valeur support croît d'un franc, il gagnera mille francs. S'il n'accepte pas de prendre ce risque, il lui est aisé de vendre 1 000 titres pour l'annuler.

Graphique 37.
Le delta du call

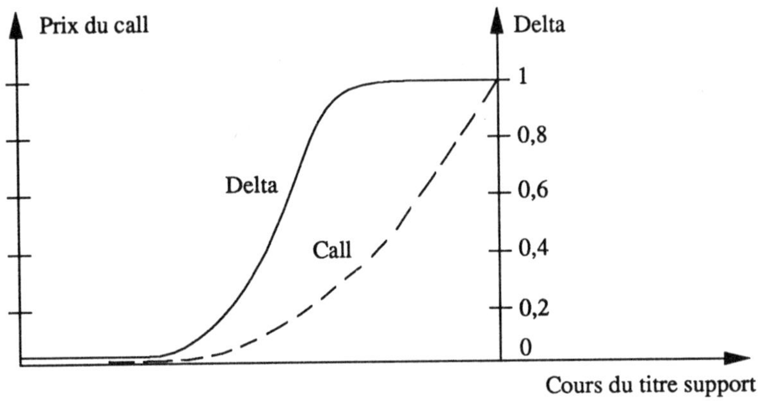

Toutefois, cet indicateur ne suffit pas à prendre en compte tous les risques de direction, le delta évoluant avec le cours.

La volatilité du sous-jacent : le gamma

La sensibilité du ratio de couverture (le delta) à l'évolution du sous-jacent est le gamma. En d'autres termes, le gamma est la dérivée seconde de la formule d'évaluation de l'option par rapport au cours de l'action (cf. graphique 38).

Ainsi, un teneur de marché ayant une position de 1 000 delta et – 300 gamma pour un titre valant 100 francs n'aura plus qu'un delta de 700 si le titre passe de 100 francs à 101 francs. Par conséquent, loin de lui avoir fait gagner 1 000 francs, comme son delta pouvait le lui laisser penser, le mouvement d'un franc du cours du titre ne lui fait gagner que 700 francs.

Une position peut être gamma neutre, positive ou négative.

– Une position gamma positif permet, si le delta est neutre au départ, au teneur de marché de profiter de tout mouvement du sous-jacent.

Graphique 38.
Le gamma d'un call en fonction du cours de l'action

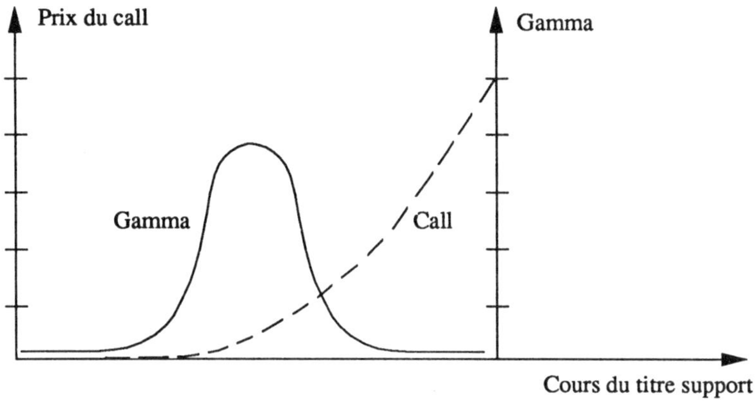

Graphique 39.
Evolution du gamma en fonction de l'échéance

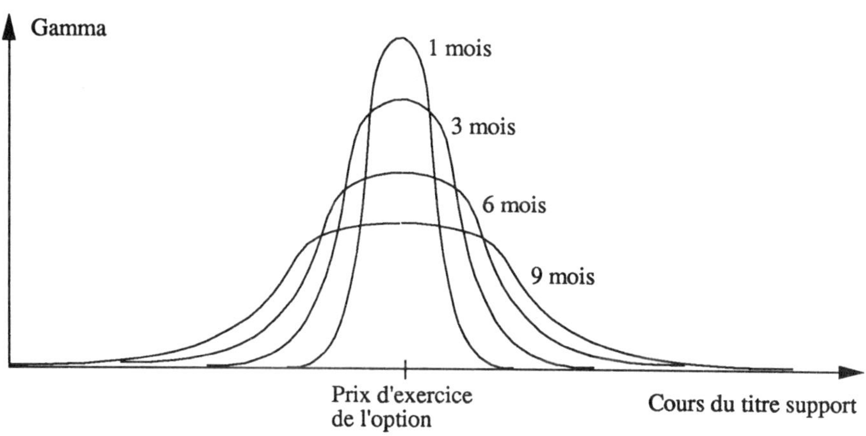

Ainsi, soit une position de delta 0 et de gamma + 300 : si le cours du titre croît de 1 franc, le teneur de marché devient acheteur de 300 titres et gagne 300 francs.

De même, si le cours du titre décroît de 1 franc, le teneur de marché devient vendeur de 300 titres et gagne donc de nouveau 300 francs, ce qui peut être représenté de la sorte :

Graphique 40.
Profil de risque d'une position gamma positif

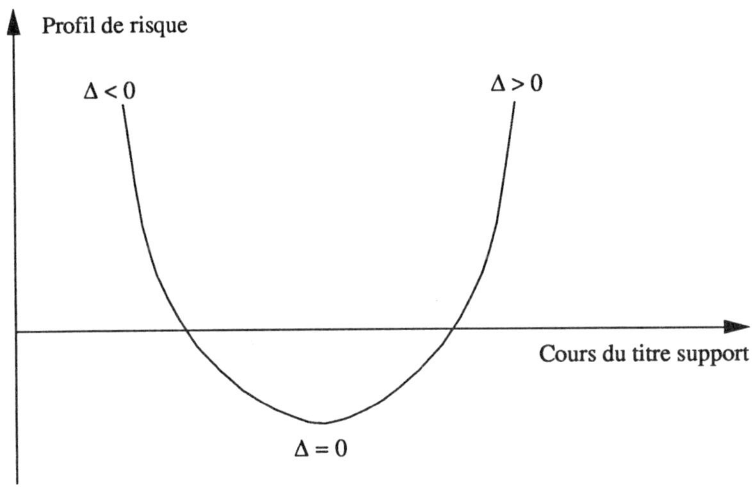

Une position gamma positif permet donc au teneur de marché de gagner de l'argent si le titre bouge dans un sens ou dans l'autre.

– Une position gamma négatif en revanche occasionne une perte au teneur de marché à chaque mouvement du sous-jacent, le delta de la position évoluant dans un sens défavorable. Le teneur de marché est de plus en plus acheteur quand le titre baisse, ce qui peut être représenté de la sorte :

Graphique 41.
Profil de risque d'une position gamma négatif

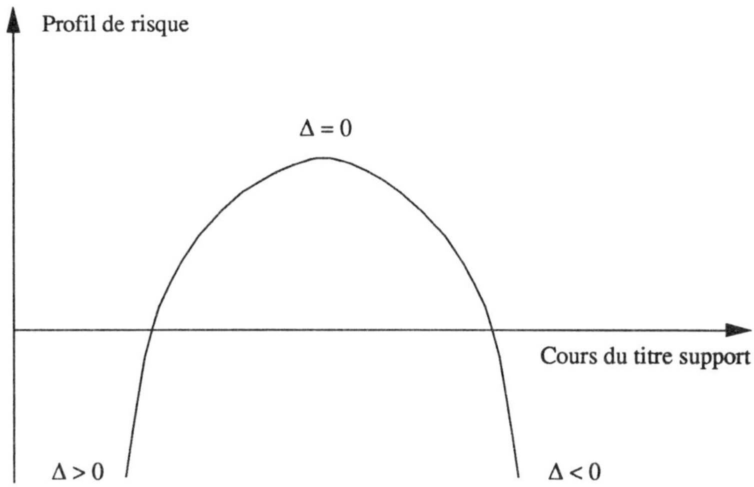

Ainsi, une position gamma positif semble à priori plus confortable qu'une position gamma négatif, le risque de variation de cours étant annulé. En fait, l'apparente annulation du risque n'est qu'un report de celui-ci sur un autre niveau. La position étant globalement acheteuse d'option, elle devient sensible au passage du temps.

La sensibilité au passage du temps : le thêta

Le thêta est la dérivée première du modèle d'évaluation du cours de l'option par rapport au temps. Il correspond au montant en francs gagné ou perdu en raison du seul passage du temps, toute chose étant égale par ailleurs (cf. graphique 42).

On remarque que plus la position est proche de l'échéance plus la perte en thêta est importante pour un acheteur d'option.

En général, sur une même échéance, le teneur de marché ayant une position gamma positif est thêta négatif, c'est-à-dire qu'il perd tous les jours de la valeur temps sur la position option. En fait, il a financé l'annulation du risque de position par un coût journalier. En conséquence, si in fine, le titre n'a pas bougé, la position gamma positif thêta négatif génère des pertes.

Graphique 42.
Le thêta d'un call

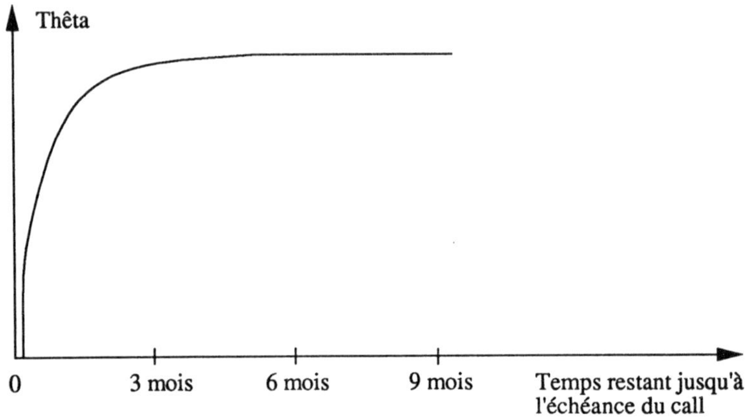

La volatilité implicite de la couverture : le véga

La volatilité, à savoir l'écart-type de la variation du cours de l'action, est un des principaux déterminants du cours de l'option puisqu'il pondère la répartition de la probabilité d'exercice de ladite option. Cette volatilité varie le plus souvent très soudainement à la faveur des anticipations du marché (inquiétude ou sérénité).

Le teneur de marché se doit donc de mesurer en permanence le risque de sa position par rapport à la volatilité. Le véga lui indique le montant en franc perdu ou gagné par une hausse de 1 % de la volatilité. Le graphique 43 donne la courbe du véga d'un call en fonction du cours de l'action.

Le véga est maximum pour un cours de l'action égal au prix d'exercice.

D'autre part, le véga d'une option est très sensible au temps qu'il lui reste à vivre jusqu'à l'échéance. Plus ce temps est long, plus le véga est important (cf. graphique 44).

Graphique 43.
Véga d'un call

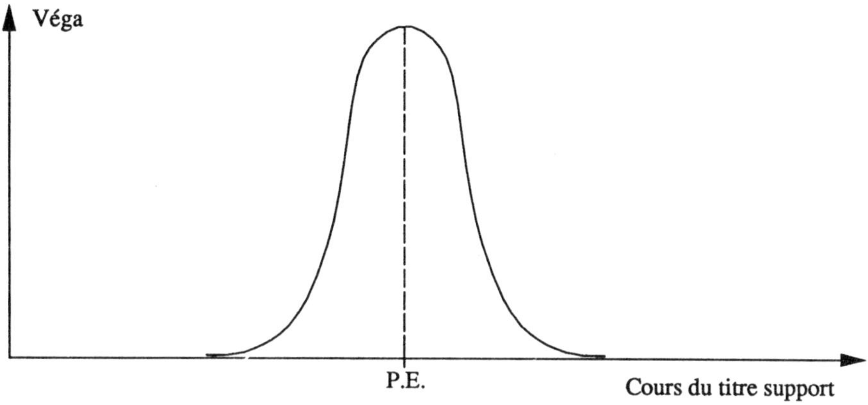

Graphique 44.
Le véga en fonction de l'échéance

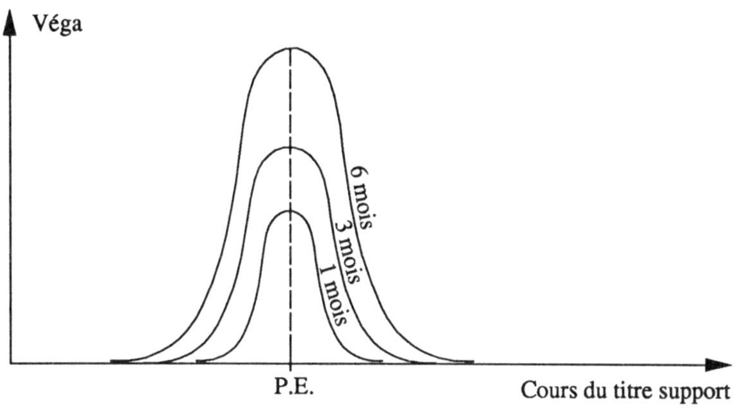

Il est ainsi possible au teneur de marché d'ajuster rapidement ses anticipations sur les mouvement de volatilité en opérant sur les échéances les plus lointaines.

Le risque de taux : le rhô

Le rhô indique quant à lui le montant en francs gagné ou perdu pour une hausse de 1 % du taux d'intérêt dans le cas des options sur action du taux de report du sous-jacent.

Ce indicateur est particulièrement important sur le marché de Paris, le taux de report d'une action d'une liquidation sur l'autre (taux correspondant au taux d'intérêt de l'action) n'étant connu qu'au premier jour de la liquidation sur laquelle le report s'effectue.

Ceci signifie que lorsque le teneur de marché calcule ses prix pour chaque option, il n'a aucune certitude sur le taux à intégrer. L'attention portée à l'indicateur de risque de taux doit donc être considérable.

En effet, le taux étant le « balancier » entre le prix du call et le prix du put (une baisse des taux entraînant une hausse du prix des calls et une baisse du prix des puts), une position globalement vendeur de call, acheteur de put et vendeur d'action (delta neutre, gamma neutre, thêta neutre) serait perdante en cas de baisse des taux de report de 10 % à 0 % (cotation au pair) ce qui peut arriver à chaque liquidation.

Dans ce cas, la perte potentielle serait de 10 fois le rhô.

2.2. A la recherche d'une position arbitrée

Définition

A l'aide de tous ces indicateurs, le teneur de marché peut gérer son risque comme il le souhaite et transformer par exemple un risque de taux en un risque de temps ou encore un risque directionnel en un risque de volatilité. Ces conditions réunies le plus souvent en une matrice de risque permettant au teneur de marché de maîtriser sa position.

Application

Une fois qu'il maîtrise cette gestion multi-dimensionnelle, le teneur de marché est maître de son destin et choisit dès lors son mode de travail. Certains optent pour la position gamma positif, prenant donc un risque temps (passage du temps sans mouvement du sous-jacent) et un risque de volatilité (effondrement de celle-ci). Ils gagneront beaucoup par à-coups. D'autres choisissent les positions gamma négatif jouant la stagnation du cours, le gain du temps et la baisse de la volatilité. Ils gagneront peu mais régulièrement et perdront parfois beaucoup. D'autres enfin, seront au gré de leurs anticipations tantôt gamma positif, tantôt gamma négatif.

Le tableau 38 résume le profit de risque de la position d'un market maker suivant les paramètres de gestion.

Tableau 38.
Récapitulation des différents cas de figure

	Négatif	Neutre	Positif
Delta	Profit si baisse des cours	Insensible à une faible variation de cours	Profit si hausse des cours
Gamma	Profit si cours stables	Insensible aux variations de cours	Profit pour de fortes variations des cours
Thêta	Perte au fur et à mesure du passage du temps	Insensible au passage du temps	Profit au fur et à mesure du passage du temps
Vega	Profit si la volatilité baisse	Insensible aux variations de volatilité	Profit si la volatilité monte
Rhô	Profit si baisse des taux	Insensible aux variations de taux	Profits si hausse des taux

Il convient de souligner les liens existant entre certains indicateurs. Ainsi, il est possible d'être à la fois gamma positif et thêta négatif en étant acheteur d'options proches de l'échéance (à fort gamma) et vendeur d'options d'échéance lointaine (à fort thêta). Cette position permet d'ailleurs d'être à la fois gamma positif et véga négatif. Le rhô est quant à lui très dépendant de la position en valeur support. Le teneur de marché doit être conscient de ces interdépendances.

On trouvera ci-dessous une position de teneur de marché et la matrice de risque inhérente.

Valeur Aquitaine

Cours : 659 FF – Date : 21.08.90

Volatilité	Tx d'intérêt
Echéance 1 : 33 %	0.12 %
Echéance 2 : 31 %	0.30 %
Echéance 3 : 31 %	0,47 %

Position actions : – 15500

Call	Long	Short	Serie	Delta	Gamma	Thêta	Véga	Eval.	Débit	Crédit
Ech. Sep-90	8		440	99	0	– 0.01	0	229.34		183474.3
29 jours		– 1	480	99	0	– 0.01	0	189.69	– 18969.4	
		– 8	600	89	0.33	– 0.2	0.33	73.81	– 59053.7	
	54	640	640	70	0.63	– 0.37	0.63	42.67		2304444.7
	61		680	46	0.74	– 0.43	0.74	20.76		12662.1
	90		720	24	0.58	– 0.34	0.58	8.35		75200.08
	137		760	10	0.32	– 0.19	0.32	2.79		35225.24
		– 209	800	3	0.13	– 0.08	0.13	0.78	– 16240.3	
Total échéance				9392	123.04	– 8272	14539			559743
Ech. Déc-90		– 20	640	69	0.304	– 0.19	1.15	68.79	– 137587	
94 jours		– 1	720	41	0.349	– 0.22	1.32	29.68	– 2968.28	
	1		760	29	0.308	– 0.2	1.16	18.06		1805.52
	2		800	19	0.245	– 0.16	0.92	10.49		2097.36
Total échéance				– 1348	– 5.63	352	– 2138		– 136653	
Ech. Mar-90 158 jours	5		680	58	0.249	– 0.15	1.67	67.59		33793.29
Total échéance					292	1.25	– 73	836		33793.29

Put	**Long**	**Short**	**Serie**	**Delta**	**Gamma**	**Thêta**	**Véga**	**Eval.**	**Débit**	**Crédit**
Ech. Sep-90		– 10	440	0	0	– 0.01	0	0	0	
29 jours		– 4	480	– 2	– 0.086	– 0.06	0.1	0	0	
		– 7	600	– 10	0.287	– 0.2	0.33	2.44	– 1704.95	
		– 72	640	– 28	0.54	– 0.37	0.63	11.29	– 81285.5	
		– 131	680	– 58	0.7	– 0.47	0.64	30.26	– 396409	
	55		720	– 100	0.027	– 0.02	0	61		335510.9
				4290	– 131.45	8728	– 13288		– 143889	
Total échéance				9392	123.04	– 8272	14539			559743
Ech. Dec-90		– 55	600	– 17	0.24	– 0.15	0.81	7.21	– 39676.4	
94 jours		– 52	640	– 29	0.329	– 0.21	1.12	19.42	– 100992	
		– 95	680	– 44	0.373	– 0.23	1.27	37.64	– 357574	
	50		720	– 59	0.362	– 0.23	1.23	61.67		308352.9
Total échéance				3698	– 47.65	2938	– 16254		– 189890	
Grand total					16324					123105

Indicateur de position

Titre	**589**	**603**	**617**	**631**	**645**	**659**	**673**	**687**	**701**	**715**
Delta	11544	9336	9028	1600	– 64	824	1458	921	1115	1392
Gamma	– 5	– 28	– 12	– 106	– 91	– 60	– 19	8	18	22
Bêta	– 78	1251	375	5957	5352	3665	963	– 822	– 1554	– 1838
Véga	– 7873	– 10568	– 8876	– 24431	– 24022	16303	– 11184	– 9442	– 7146	– 5725
Var. de la position Market Maker	– 403613	– 256944	– 122985	– 25753	– 5268	0	25607	51434	74643	96280

La position présentée ci-dessus illustre parfaitement le fait qu'un teneur de marché est la contrepartie des intérêts de la clientèle du dit marché. En quelque sorte, il en est le symétrique.

Ainsi, cette position est largement acheteuse en call ce qui suppose que le marché a vendu ces calls manifestant ainsi un sentiment boursier. Cette opinion ce trouve confirmée par l'importance de la position vendeuse en put ce qui indique que le marché les a achetés.

Ainsi confronté au sentiment baissier sur le titre des opérateurs, le teneur de marché a rendu des titres à des fins de couverture.

Les options les plus traitées sont les options à la monnaie ou légèrement en dehors. La position globale fait donc apparaître des pertes en cas de baisse sensible (position vendeuse de puts) et des gains si le marché monte (achat de calls).

Cette position est globalement vendeuse de primes, c'est-à-dire que le teneur de marché est en situation de risque par rapport aux mouvements du marché. Cette situation relativement inconfortable est compensée par des gains en valeur temps (à cours constant, il gagne 3 665 francs par jour).

Le risque en cas de baisse (403 613 francs) n'est pas compensé par les gains si le marché monte (121 154) ce qui illustre bien la situation de risque et qui justifie le gain en valeur temps.

Comme on le voit, la matrice donne au teneur de marché le niveau des indicateurs en fonction de différents cours de la valeur support. Correctement analysée et gérée, une position de teneur de marché devient alors une position d'arbitrage en constant renouvellement. En effet, alors que les arbitrages exposés précédemment (arbitrage de volatilité, arbitrage de produits) étaient le plus souvent statiques, le market making est quant à lui un arbitrage permanent, chacun des indicateurs changeant à chaque instant. Le rôle du teneur de marché est donc de faire en sorte que la position soit en permanence arbitrée et ce dans sa globalité.

En conclusion de ce chapitre, soulignons que tous ces arbitrages ici exposés tendent à prouver que le MONEP, loin d'être un marché de spécialistes isolés peut devenir l'instrument d'opérations simples mais profitables si tant est qu'il soit abordé en perspectives avec d'autres véhicules boursiers ou à l'aide d'indicateurs de gestion précis.

Il convient toutefois de préciser à nouveau que si ces techniques limitent singulièrement le risque supporté, elles ne l'évacuent pas totalement – l'arbitragiste et le teneur de marché devant alors faire preuve des mêmes qualités que le contrepartiste ou l'opérateur traditionnel (cf. chapitre 9).

Conclusion

Les options sur actions sont des outils très appréciables pour dynamiser la gestion des portefeuilles. Au terme de cet ouvrage, les auteurs se sont efforcés de présenter les stratégies les plus communément utilisées par les intervenants dans leur pratique quotidienne du MONEP.

A considérer la grande diversité des stratégies qui peuvent être mises en place par le biais de combinaisons d'achats et de ventes, les options apparaissent comme un instrument moderne d'investissement parmi les plus souples.

Et cependant, les stratégies présentées dans les chapitres de ce livre sont loin d'être exhaustives, tant il est vrai qu'une option peut être considérée comme un cube élémentaire dans un jeu de construction dont les combinaisons varient à l'infini.

Ainsi les perspectives de développement des options demeurent très importantes et principalement face aux autres instruments dérivés. Dans ce domaine, beaucoup de voies sont encore à explorer et l'existence du MONEP est aujourd'hui une excellente base de travail pour créer et diffuser les outils « sur mesure » qui prendront une place privilégiée dans la gestion des années 1990.

Bibliographie

AUGROS J.C., *Finance - Options et obligations convertibles*, 2ème édition, Economica, 1987.

BOOKSTABER R.M., *Option Pricing and Strategies in Investing*, Addison Wesley, 1981.

COX C., RUBINSTEIN M., *Options Market*, Prentice-Hall, 1985.

JACQUILLAT B. et SOLNIK B., *Les marchés financiers et la gestion de portefeuille*, 3ème édition, Dunod, 1984.

MAC MILLAN L., *Option as a Strategic Investment*, New York Institute of Finance, 1980.

ROURE F. et BUTERY A., *Les options négociables*, PUF, 1989.

Les auteurs

Jean-Luc Buchalet, titulaire d'un diplôme d'ingénieur (IANPG) et d'un mastère en économie du Groupe ESSEC, est l'adjoint du responsable de la gestion OPCVM France de la banque Indosuez où il a commencé sa carrière en 1984 comme analyste financier. Il exerce également une activité d'enseignement dans différents établissements, dont l'université d'Assas où il assure un cours de gestion du risque dans le cadre du Magistère Banque-Finance.

Yann Gérardin, diplômé de l'école des HEC, de l'IEP de Paris et licencié en écométrie, est responsable de la salle actions de la BNP. Il est en outre Directeur Général de BNPDB3A, première société de *Market Making* sur le MONEP. Parmi ses nombreuses publications dans la presse, citons sa chronique sur les actions françaises qui paraît dans *La Synthèse Financière*.

Lionel Lépinois a récemment rejoint la Caisse Centrale du Crédit Mutuel pour prendre la responsabilité de la gestion actions du département financier. Diplômé de l'IEP de Paris, licencié en droit des affaires, et membre de la Société Française des Analystes Financiers (SFAF), il a commencé sa carrière en 1975 comme analyste financier à la Caisse Centrale des Banques Populaires pour y assurer par la suite la responsabilité des OPCVM actions.

Lucile Loques, diplômée de l'ESSEC, titulaire d'une maîtrise en Sciences économiques de l'université du Panthéon et membre de la Société Française des Analystes Financiers (SFAF), est depuis 1987 gestionnaire de portefeuille à l'Epargne de France. A ce titre, elle intervient quotidiennement sur les marchés dérivés actions en France et à l'étranger. Elle assure par ailleurs un cours de finance à Sup. de Co. Rouen.

François Mainard, diplômé de l'école des HEC et titulaire d'un DESS de marchés financiers de l'université de Paris-Dauphine, est responsable des activités sur les produits dérivés actions de la Caisse Nationale du Crédit Agricole.

Bernard Marois, diplômé de l'école des HEC, titulaire MBA de l'université de Columbia, Docteur d'Etat en Sciences de Gestion, est professeur de finance au Groupe HEC. Il est par ailleurs président du club Finance Internationale, membre du bureau de l'AFAR et consultant auprès de nombreuses entreprises dans le domaine de la finance internationale. Il a collaboré à de nombreux ouvrages comme *Les Finances de sociétés multinationales* et *L'internationalisation des Banques.*

Yves Pelras est ingénieur IDN et diplômé de l'Institut Supérieur des Affaires. Au sein de Finacor Actions et Dérivés, premier intermédiaire sur les marchés dérivés actions à Paris, il conseille une clientèle institutionnelle française et étrangère dans leurs interventions quotidiennes sur les marchés d'options et de contrats à terme. Parmi les articles qu'il publie dans la presse financière, citons sa rubrique hebdomadaire sur le MONEP dans le journal *Investir*.

Eric Sanitas, titulaire d'une maîtrise de droit des affaires et diplômé de l'IAE, prépare une thèse de doctorat en gestion relative à l'utilisation de nouveaux produits financiers par les entreprises françaises. Il est aussi responsable des activités sur les produits dérivés dans une importante entreprise du secteur des assurances.

Table des matières

DEUXIÈME PARTIE
LES OPÉRATIONS DE COUVERTURE

QUATRIÈME PARTIE
LE MONEP, UN GÉNÉRATEUR D'ARBITRAGE

Dans la même collection

ASSOCIATION FINANCE FUTURES, *Les marchés à terme d'instruments financiers.*

AUGROS J.C., *Finance : options et obligations convertibles,* 2e éd.

AUGROS J.C., *Les options sur taux d'intérêt.*

BAGLIN G., BRUEL O., GARREAU A. et GREIF M., *Management industriel et logistique.*

BARTOLI A. et HERMEL Ph., *Le développement de l'entreprise.*

BÉCOUR J.C. et BOUQUIN H., *Audit opérationnel.*

BESSIS J., *Capital-risque et financement des entreprises.*

BIDAULT F., *Le champ stratégique de l'entreprise.*

BILET J.P., *Marchés à terme et gestion de l'économie pétrolière.*

BLANCHET J., *Gestion du bénévolat.*

BOUCHIKHI H., *Structuration des organisations.*

BOURDIN J., *Les finances communales.*

CAPET M., CAUSSE G. et MEUNIER J., *Diagnostic. Organisation. Planification d'entreprise,* 2e éd.

CASSON M., *L'entrepreneur.*

CAUVIN C. et COYAUD C., *Gestion hospitalière : finance et contrôle de gestion.*

CHARREAUX G., COURET A., JOFFRE P., KŒNIG G. et MONTMORILLON (de) B., *De nouvelles théories pour gérer l'entreprise.*

CHEVALIER F., *Cercles de qualité et changement organisationnel.*

COBBAUT R., *Théorie financière.*

COHEN E., *Analyse financière,* 2e éd.

COLASSE B., *Comptabilité générale,* 3e éd.

COLLIGNON E. et WISSLER M., *Qualité et compétitivité des entreprises,* 2e éd.

DENIS H., *Stratégies d'entreprise et incertitudes environnementales.*

DESBRIÈRES Ph., *Participation financière, stocks-options et rachats d'entreprise par les salariés.*

DUBOIS P.L. et JOLIBERT A., *Le marketing.*

DUTRÉNIT J.M., *Gestion et évaluation des services sociaux.*

ECOSIP, *Gestion industrielle et mesure économique.*

ERRERA J.M., *La gestion de l'entreprise et les échanges compensés.*

FERRANDIER R. et KOEN V., *Marchés de capitaux et techniques financières.*

FONTAINE P., *Arbitrage et évaluation internationale des actifs financiers.*

GENSSE P., *Système comptable et variations monétaires.*

GERVAIS M., *Contrôle de gestion et planification de l'entreprise,* 3e éd.

GIARD V., *Gestion de la production,* 2e éd.

GIARD V., *Statistique appliquée à la gestion,* 5e éd.

GOBRY P., *La Bourse aux indices.*

GONTIER J.L. et MATHÉ J.C., *Politiques et procédures d'abandon de produits dans l'entreprise.*

GOUILLART F., *Stratégie pour une entreprise compétitive.*

JABES J. (sous la direction de), *Gestion stratégique internationale.*

JACQUEMOT P., *La firme multinationale : une introduction économique.*

JOFFRE P. (sous la direction de), *L'exportation dans la turbulence mondiale.*

JOFFRE P. et KŒNIG G. (coordonné par), *L'euro-entreprise.*

JOFFRE P. et KŒNIG G., *Stratégie d'entreprise. Antimanuel.*

KALIKA M., *Structures d'entreprises.*

KAST R., *Rationalité des marchés financiers.*

LA BRUSLERIE H. (de), *Gestion obligataire internationale.*

LEBAN R., *Politique de l'emploi dans l'entreprise en termes de contrôle optimal.*

LEVASSEUR M. et QUINTART A., *Finance.*

LEVITT Th., *L'imagination au service du marketing.*

LILIEN G.L., *Analyse des décisions marketing.*

McCARTHY E.J. et PERREAULT W.D., Jr., *Le marketing. Une approche managériale,* 8e éd.

MARIET F., *La télévision américaine – Médias, marketing et publicité.*

MARQUET Y., *Les marchés d'options négociables sur contrat à terme.*

MARTINET A.C. (coordonné par), *Epistémologies et sciences de gestion.*

MONTMORILLON B. (de), *Les groupes industriels. Analyse structurelle et stratégique.*

MORVAN Y., *Fondements d'économie industrielle,* 2e éd.

NTAMATUNGIRO J., *Stabilisation des recettes d'exportation : stock régulateur, marchés à terme et options.*

PÈNE D., *Evaluation et prise de contrôle de l'entreprise.*

PORTER M.E., *Choix stratégiques et concurrence.*

RAIMBOURG Ph., *Les agences de rating.*

RICHARD J., SIMONS P. et BAILLY J.M., *Comptabilité et analyse financière des groupes.*

ROY B., *Méthodologie multicritère d'aide à la décision.*

SAVALL H., *Enrichir le travail humain : l'évaluation économique.*

SAVALL H. et ZARDET V., *Maîtriser les coûts et les performances cachés,* 2e éd.

SIMON H.A., *Administration et processus de décision.*

SIMON Y., *Techniques financières internationales,* 4e éd.

TERRY G.R. et FRANKLIN S.G., *Les principes du management.*

TRÉSARRIEU J.P. (sous la direction de), *Réflexions sur la comptabilité – Hommage à Bertrand d'Illiers.*

VAN HORNE J.C., *Principes de gestion financière.*

VATTEVILLE E., *Mesure des ressources humaines et gestion de l'entreprise.*

WOOT (de) Ph., *Les entreprises de haute technologie et l'Europe.*

WOOT (de) Ph. et DESCLÉE de MAREDSOUS X., *Le management stratégique des groupes industriels.*

Composé par Economica, 49, rue Héricart, 75015 PARIS
Imprimé en France. - JOUVE, 18, rue Saint-Denis, 75001 PARIS
N° 61871 - Dépôt légal : Septembre 1991